出發吧！

哲學
時空旅行

從泰利斯到尼采，
改變世界的思想是如何誕生的？

①

李英逸、慶會淑・著
安亨慕・繪 馮燕珠・譯

說明

● 排除以喜劇故事為主的漫畫要素，把重點放在教養和學習上，努力傳達正確的訊息。

● 以從古代到現代的主要西方哲學家為中心，掌握西方哲學的整體趨勢而構成，以哲學家與哲學家的思想為章節主題。

● 「趣味世界大探索」系列以提高兒童人文教育水準為主要目標，提供兼具趣味與知識的內容。另有《出發吧！科學冒險》帶領孩子互穿古今，深入了解100個改變科學史的大事件！

出發吧！

哲學
時空旅行

從泰利斯到尼采，
改變世界的思想是如何誕生的？

①

李英逸、慶會淑·著
安亨慕·繪　馮燕珠·譯

作者的話

從古代到現代，
學習西洋哲學的第一步！

　　哲學是什麼？能夠爽快回答這個問題的人並不多，因為哲學這個詞一直被廣泛多樣地使用。在古代伊奧尼亞（Ionia）的自然哲學家們活動時，還沒有哲學這個名詞和概念。他們與其說是哲學家，不如說是賢人，他們把自己的活動規範為歷史，而不是哲學。哲學（philosophy）這個用語，原本是由希臘文philosophia而來。由philos（愛）與sophia（智慧）兩個詞合成，即「關於智慧的愛」，這就是哲學。

　　但是，即使知道「哲學」一詞的含義，要回答「哲學是什麼」仍然不容易。因為各個時代的哲學家，都對那個時代提出的根本性問題有不同的答案，因此，要真正理解哲學，必須了解哲學的整個歷史。

　　理解哲學史這個巨大的洪流，就能從中得知什麼是哲學。基於這個宗旨，這本書特別將艱澀的哲學，特別是關於西方哲學史這一主題，以漫畫形式輕鬆有趣地編寫而成。

　　從「哲學」一詞的誕生、培養眾多哲學家並規範哲學這一門學問性質的西方哲學搖籃──古希臘哲學開始，到基督教與哲學相結合的中世紀哲學，接著是不依賴教會的獨斷真理或任何外部權威，只相信依靠自己的力量得到真理的近代哲學，以及與科學結合的現代哲學為止，讓讀者更容易理解西方哲學多樣的內容。

　　希望各位小朋友能經由這本書，對原本枯燥乏味的哲學感興趣，思考得更深入、更廣泛。

　　我們在將哲學故事改編成漫畫、繪畫的過程中，努力從兒童的角度思考。希望各位能夠帶著笑容，認識真正的哲學。

安亨慕

目錄

1. 古代的哲學

2. 近代的哲學

哲學的發源地在西元前六世紀的古希臘，距離現在2500年前。

從那時候開始到西元前四、五世紀的哲學都被稱為古代哲學。古代哲學可以分為3個時期。

第1期（西元前六世紀～西元前五世紀），以自然為研究對象，探索不變的世界根源，代表性的哲學家有泰利斯、巴門尼德、赫拉克利斯等。

研究自然，就能了解世界的根源是什麼。

泰利斯

存在就存在，不存在就是不存在。

巴門尼德

第2期（西元前五世紀～西元前四世紀），哲學的研究對象從自然轉變成人類。蘇格拉底、柏拉圖、亞里斯多德締造了古代哲學的全盛時期。

第2期

蘇格拉底

終於輪到我了。

第3期從亞里斯多德死後一直到古代的末期（五世紀）為止，相當於希臘化時期、羅馬時代。具代表性的哲學有斯多葛學派、伊比鳩魯學派、懷疑學派、新柏拉圖學派。

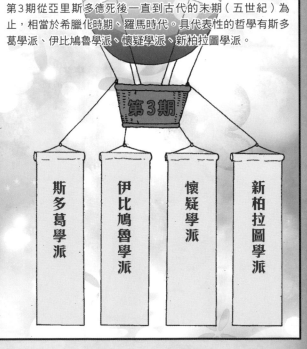

第3期

斯多葛學派

伊比鳩魯學派

懷疑學派

新柏拉圖學派

01 萬物的本源是水

西洋哲學之父
泰利斯與他的弟子們
（西元前六世紀）

※水！

泰利斯是希臘最優秀的哲學家，被稱為哲學之父。

哲學是誰？你跟誰生的兒子啊？！

老婆，冷靜一點！哲學不是人，是學問啊！

哎喲，我的天啊！

依照古希臘語法家阿波羅多洛斯的說法……

關於泰利斯這個人啊……。

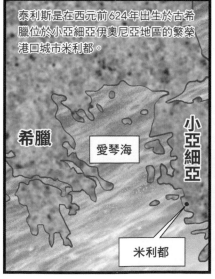

泰利斯是在西元前624年出生於古希臘位於小亞細亞伊奧尼亞地區的繁榮港口城市米利都。

希臘　愛琴海　小亞細亞　米利都

他學識淵博，涉足各種領域，尤其擅長天文學。

照這星象來看，明天……

應該會下雨。

他在幾何學方面也頗有成就，利用棍棒和金字塔的影子測量了埃及金字塔的高度。

金字塔真的好高啊。

那個不是金字塔，是沙丘啊，老師！

不僅如此，他還經營橄欖園，累積了不少家產。

到死也不用為生計發愁了。

老公最棒了！

多了空閒時間之後，泰利斯開始思考根源的問題。

這世界是什麼時候誕生的呢？

你有那種時間不如來照顧孩子。

是由什麼構成呢？

於是，他得出了萬物本源在於水的結論。

沒錯！萬物都是由水構成的。

他把我們看作是水嗎？

真幼稚。

我們站立的這片土地也是漂浮在水面上，哈哈哈！

真是荒唐的想法。

對今天的人們來說，他的想法可能顯得幼稚。

不是那樣嗎？！

但是泰利斯的偉大並不只是主張萬物的本源是水這一點。

還有什麼?!

他將現象簡單化，要人理解自然，

不是經由神，而是從自然中探究世界。

他不是把我們當成水，而是透過我們探索。

人類最初提出哲學問題的人也是泰利斯。

亞里斯多德

所以他才會被稱為哲學之父。而這個稱號正是由我而起的啊。

繼承他思想的弟子們，被稱為「米利都學派」。

我們是相親相愛的米利都學派!!

阿那克西曼德　　阿那克西美尼

不過，弟子阿那克西曼德對泰利斯的想法產生了疑問。

萬物之源是水，那麼水從哪裡來？水又是什麼做成的？

水一定也有根源，而那個根源一定也有根源，根源的根源到底是什麼……

啊!好混亂!

他認為萬物的本源應該是阿派朗（Apeiron），也就是「無限」。

世界是無法定義、無法觀察，是無限且不滅的存在。

從阿派朗中分裂出具有對立性質的東西，彼此競爭，進而產生萬物。

冷與熱、乾與溼等被分離出來而造就了世界。

從阿派朗中生成的萬物，在壽命終結後又會復歸於本源，也就是再回到阿派朗。

現在我也到了回歸阿派朗的時候了……。

泰利斯的另一個弟子阿那克西美尼則主張萬物之源應該是氣。

說來說去那些理論都錯了。世界的根源是空氣！

這裡追加一碗白飯！

冷麵　餃子湯　湯　麵

他將空氣描述為一種精神，也就是蘊含生命的氣體或靈魂、呼吸等。

啾

白飯…，啊、不是，空氣會帶給萬物生命，因此萬物才有了實體與動作。

他以「稀薄」和「濃厚」的概念來解釋空氣變成萬物的原理。

空氣稀薄化會變成火，濃厚時則會變成風。萬物就是這樣生成的。

好了啦，先吃飯吧！

02 數的和諧支配著宇宙

哲學家・數學家・宗教家

畢達哥拉斯 （西元前約580～西元前約500）

數學中有個「畢達哥拉斯定理」。

> 直角三角形斜邊的平方等於兩股平方和。

因為是畢達哥拉斯發現的，所以便以他命名。

> 他是誰啊？

畢達哥拉斯生於愛琴海東岸伊奧尼亞的薩摩斯島，父親是商人。

希臘

伊奧尼亞

哇～哇～！

長大成人之後，他走遍包括埃及在內各個地方，累積學識。

就是所謂的留學派。

畢達哥拉斯努力尋找萬物的本源。

這世界並非只是以水和空氣形成的。

肯定有影響世界的原理和法則。

他主張萬物的本源是「數」。

數的和諧與秩序製造並支配宇宙萬物。

世界由點、線、面、立體組成，1是點、2是線、3是面、4是立體。

簡單來說，物質世界的一切都是由數構成的。

他認為10是神聖的數字。

$$1 + 2 + 3 + 4 = 10$$

可以透過這四個數字相加得出10。

他還認為，透過數字可以創造出優美和諧的音樂。

欸？
數字和音樂
有什麼關係？

他透過樂器琴弦長度的比例，發現了八度音、五度音、四度音等非常和諧的音程。

哇！他是
怎麼發現的？

是聽到打鐵時
敲鐵的聲音
發現的。

※噹噹噹

聲音有一定的振動頻率。

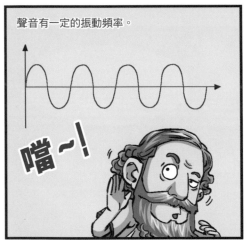

噹～！

如果這個振動與正確的數學比例相融合，就會成為美妙的音樂，若是破壞比例，就會成為噪音。

現今西洋音樂的
音階也是我建立的。

大哥！

他發現，不僅是音樂，天體也像音樂一樣，根據數學的比例協調地運行。

天空也是
依照數字移動。

第一個將宇宙稱為「cosmos」的人就是畢達哥拉斯。

cosmos一詞
出自希臘文，
意思是秩序與協調。

畢達哥拉斯認為萬物皆是由數學構成的。

想找出宇宙的原理，就必須找出數學的結構。

自畢達哥拉斯之後，人類就養成了用數字說明一切的習慣。

作業寫完了嗎？

完成34%了。

也因此，人類擺脫了神話世界，進入講求合理、理性的世界。

宙斯

合理與理性的世界

畢達哥拉斯既是哲學家，也是數學家，同時還是宗教家。

哲學家

數學家

宗教家

唉呀，我也搞不清楚我是誰了。

他在義大利的克羅托內建立了宗教、學術團體，與弟子們一起在此生活。

跟隨畢達哥拉斯思想的人們就被歸類為畢達哥拉斯學派。

簡稱「畢派」。

誰說的！

FIFA會長*

他們一直活躍到西元前四世紀末，影響了很多的哲學家。

我也受到畢達哥拉斯的影響。

柏拉圖

＊譯註：韓文中「FIFA」的發音與「畢派」相同，這裡是一個諧音笑話。

03 不能踏入同一條河裡兩次

主張所有事物都會改變

赫拉克利特 （西元前約540～西元前約480）

不能泡腳，洗不乾淨的。

為什麼不行？

河水奔流不息。

我也很想休息啊。

在河中即使站在同樣的位置，但剛才浸溼腳的河水，並不是現在浸溼我腳的河水。

那當然了，因為從上游會不停有新的河水流下來。

上游 ➡

所以赫拉克利特留下這麼一句名言。

人不能踏入同一條河裡兩次。

哈！我自己都覺得講得真好。

這句話包含了赫拉克利特的思想——「所有事物都會變」的萬物流轉說。

世間萬物如江水般流淌，不斷變化！

濕濕～

赫拉克利特出身於古希臘最大的貿易城市伊奧尼亞地區的埃菲索斯。

這裡是古代世界七大奇蹟之一的阿提蜜斯神殿所在地。

他喜歡孤獨和思考，經常會有令人難以理解的行為和話語，因此被稱為「晦澀者」。

聽說他是個孤僻又傲慢的人。

聽說他還對荷馬和畢達哥拉斯惡言相向。

以前的哲學家自己不會改變，只試圖尋找改變世界的本源。

萬物的本源是水！

泰利斯

老師！萬物的本源是空氣啊！

阿那克西美尼

菜單 沙拉 魚板 血腸 筋麵

麻煩再給我一碗白飯。

赫拉克利特不認同世界是不變的。

這個世上沒有永遠不變的東西！所有東西都會不斷變化！

我們之間的愛也會變嗎？

萬物是流動的，不會永遠以同樣的狀態存在。

他主張萬物的本源是火。

兩個月前跟我借的錢為什麼不還？

現在的我不是兩個月之前的我，你去找兩個月之前的我要錢吧！

赫拉克利特不是說萬物沒有本源嗎？

本源的意義不一樣。

他所說的「火」是解釋變化和運動的概念和象徵，與之前的哲學家們主張的萬物本源不同。

火＝用來說明變化與運動的
概念和象徵。

喀！

他認為那不是「構成世界的物質本源」，而是「世界運作的原理」。

火死後就會變成空氣，空氣死了會變成水，水死了會變成泥土……

吃了餿掉的米飯就變成腹瀉。

赫拉克利特還說：「鬥爭是萬物之父。」

鬥爭果然是萬物之父。

VS

不是動物的本能嗎？

這句話的意思是指世間萬物都是透過對立、對抗而產生的。

戰爭與和平

白天與黑夜　冬天與夏天

但他表示，世界在相互對立鬥爭的同時，也相互協調。

讓健康變得美好的是疾病！

讓飽足變愉快的是飢餓！

疲勞讓休息變得愉快！

乍看之下似乎無秩序的對立世界，也會隨著某種均衡和秩序而變化。

※啪！

當然了。我們也依照規則去鬥爭！

啊！邊說邊打是犯規吧！

他把原理和秩序稱為「Logos（邏各斯）」。

邏輯（logic）就是由Logos這個詞而來嗎？

沒錯！可以說是「隱藏在世上的道理」……。

※喀！

哲學的核心就是「Logos」！

LOGOS

萬物無止境地變化。

必須從變化中尋找真理。

在變化中仔細尋找，一定能找到真理。

在西方哲學這棵大樹中，他的思想是佔重要地位的兩個分支之一。

西方哲學

對後世的哲學家帶來了很大的影響。

我的老師就是赫拉克利特！

近代哲學家黑格爾

04 有就是有，沒有就是沒有

主張只有理性才是真理

巴門尼德 （西元前約515～西元前約445）

本質永恆不變。

西方哲學的爭論始於赫拉克利特和巴門尼德。

他們是在辯論。

我說的才對，你是錯的。

辯論擂臺

什麼話啊！我才是對的！

他們為什麼吵架？

不同意見的人提出自己的主張，用語言或文字互相論爭，這就是辯論。

那是什麼？

好了！兩位不要吵了，這裡舉個例子。

把這支粉筆浸入藍墨水裡再拿出來，可以看到它變成了藍色。

那麼這是藍粉筆嗎？還是原來的白粉筆呢？

這種情況通常會分為兩種意見。

辯論擂臺

哎呀！又吵起來了⋯⋯啊！

說什麼啊？它只是看起來是藍的，但本質還是白粉筆啊。

它已經變成藍色了，所以是藍粉筆！

啪！

赫拉克利特

巴門尼德

本質不變，眼睛看到的只是假象這個主張；

只相信眼睛看到的，真是愚蠢！

什麼？!

與世上沒有永恆不變的主張，彼此針鋒相對不斷地爭論。

眼睛看得清清楚楚地還不相信嗎?!

赫拉克利特和巴門尼德對世界的看法非常不同。

不管你承不承認世界都會變。

別吵了⋯⋯啊！

哼！世界絕對不會變。白粉筆就算死而復生還是白粉筆啊！

砰！

※啪！

他們兩人可以說是哲學史上罕見的競爭關係。

哎呀呀

這就來仔細看看這兩個競爭對手，首先是巴門尼德。

巴門尼德

巴門尼德出生於義大利南部的埃利亞貴族世家。

哇啊

嚇一跳！

不過可惜的是關於他的身世鮮少為人所知。

有誰認識這個人嗎？

但他仍是著名的學者，名聲甚至傳到當時最大的城邦雅典。

巴門尼德？
我當然知道。

巴門尼德說過「存在的東西存在，不存在的東西不存在」。

欸？那不是理所當然的嗎？

他的意思是人只能對「存在的東西」進行表達和思考；對「不存在的東西」，連思考都無法做到。

不存在的東西
如何能思考？
絕對不可能。

真是的，
好像懂、又好像
不懂啊。

他主張沒有生成與消滅，也就是說變化是不存在的。

沒有變化這東西～只有永遠～！♪♫

「生成」意指從「不存在」中產生，對認為「不存在」並不存在的他來說，沒有所謂的「生成」。

無法想到，那是因為不存在。

借妳的錢還我。

不知道。我想不起來。想不起來就是沒這回事。

同樣的道理，「存在」的東西不可能消滅變成「不存在」。

所以才會有借據這東西啊。這上面蓋的章是妳的吧？

呃！存在的東西不會消失啊。

借據

因為沒有生成和消滅，世界自然就沒有變化。

你為什麼唸了書成績卻沒進步？

世上的事不會變化，成績可能會變嗎？

換句話說，他提出了世界是完整的、不變的、永久的存在，稱為一元論。

一元？

一元論是指用一個原理來說明整體的態度或思考方式。

我們透過感覺接受這個世界的各種面貌和變化。

哇～好漂亮！

這哪裡漂亮啊？馬上就枯萎了。

但是巴門尼德相信，透過理性掌握的世界才是真的。

眼睛看到的世界只是假象。

他的學生芝諾為了擁護老師的思想還提出悖論。

以阿基里斯和烏龜賽跑為例，簡單說明一下老師的說法。

烏龜從A、阿基里斯從起點出發，當阿基里斯抵達A時，烏龜應該已經到B了吧？

起點

A

B

當阿基里斯到B時，烏龜已經到C，結論就是阿基里斯永遠追不上烏龜。

B

C

嘿嘿嘿～

呼嚕嚕～

在現實世界中這是不可能的事情，但為了否定「運動」和「變化」的概念，才會有這種悖論。

先贏了我再說吧。

我身為希臘神話英雄，居然會輸給一隻烏龜，這像話嗎？

巴門尼德及芝諾、麥里梭被稱為埃利亞學派。

我們這個學派的特點是具有敏銳的邏輯思維。

埃利亞學派一直維持到西元前四世紀。

埃利亞學派

嘿嘿嘿！

巴門尼德的主張對柏拉圖也有很大的影響。

他提出永遠不變的主張揭示在我的理型世界中。

柏拉圖

在西方哲學這棵樹上延伸的兩大支脈，就是以赫拉克利特和巴門尼德的思想為基礎形成。

也就是說，我們成為思想的種子了，嘿嘿！

思想的種子

赫拉克利特認為世界是永無止境的變化；巴門尼德則認為世界是固定不會變的。

變化和感覺很重要！

永遠不變的真理和理性才是最重要的！

赫拉克利特是唯物論，巴門尼德是存在論、觀念論的先驅。

我們的老師是赫拉克利特。

我們的老師是巴門尼德。

黑格爾　尼采　柏拉圖　康德

此外，也可以說赫拉克利特是現實主義者，巴門尼德是理想主義者。

現實主義者　理想主義者

雖然彼此不能達成妥協，但他們也有共同點，那就是……

我們都是試圖看透世間本質的哲學家。

嗯，那當然！

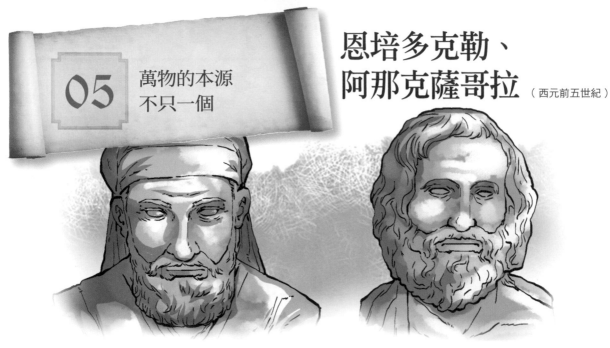

05 萬物的本源不只一個

恩培多克勒、阿那克薩哥拉 （西元前五世紀）

恩培多克勒和阿那克薩哥拉認為構成萬物的元素不只一個，應該是很多個。

只有一個是不夠的，好吃。

對你來說一百個都不夠吧。

恩培多克勒（西元前約490～西元前約430）出身於西西里西南部的古代城市阿克拉加斯。

阿克拉加斯

他為了證明自己是神，還去跳火山，可說是一個不尋常的人物。

我是神！就算跳下去也不會死！啊哈哈！

他主張萬物之源是火、水、空氣、泥土。

喀！

世界的本源
＝火、水、空氣、土

只有水

我的本源有四個，哈哈哈！

呿！除了水之外還會有什麼？

思培多克勒將這四元素稱為世界之根。

狗

太陽

花

岩石

火　水　空氣　土

世界之根的四元素合而為一又分散，萬物就因此產生又消失。

水和土合成就會產生某種新的東西！

他認為那是因為愛與恨的情感作用使然。

結婚紀念日要來點驚喜才對。

當愛的情感變強，元素就會結合；恨的情感變強，元素就會分離。

要是我的初戀沒有失敗，現在就有跟你們一樣大的孩子了。

所以呢？後悔跟我結婚了嗎？

不……不是那樣，老婆，我是用人的情感來說明自然的原理啊。

他認為宇宙是透過漩渦形成的，這一點也很有趣。

正如教授所說，宇宙是漩渦呢。

親身示範的犧牲精神！真令人尊敬。

分散的元素被帶入漩渦中，結合在一起形成天體，

怎麼樣？很有意思吧？

嚇！你、你是誰？

隨著漩渦的持續，最後會分離，形成大氣。

我？我是阿那克薩哥拉。

阿那克薩哥拉（西元前約500～西元前約428）出生於小亞細亞的古希臘殖民都市克拉佐美納伊。

他與恩培多克勒的看法不太一樣，他認為構成世界的本源應該更多。

宇宙太複雜了，僅用四元素來說明是不可能的。

世界上有無數個元素，這些元素就是「萬物的種子」。

各種元素
＝萬物的種子

根據這些種子結合的方式，可以說明萬物的生成。

無數的種子結合在一起，世界萬物就誕生了。

他把推動種子生成萬物並變化的力量稱為「努斯（nous）」。

努斯是什麼？

可以解釋為
「精神」、「理性」、
「智慧」。

阿那克薩哥拉與之前哲學家的明確區別就是
『努斯』。

能想到「努斯」
是非常
了不起的事。

亞里斯多德

宇宙的種子原本是雜亂無章的混沌狀態，正因為努斯（理性）的作用才找到了秩序。

秩序

賦予萬物秩序，支配自然運動的力量，這就是努斯。

阿那克薩哥拉斯是第一個開始區分精神和物質的人。

精神　物質

他的思想把精神作為萬物的首要原理，具有十分重要的價值。

無論如何精神
都是最重要的。

精神

06 一切物質都是由原子組成

德謨克利特（西元前約460～西元前約370）

原子是什麼？

是構成物質的基本單位。

原子核
質子
電子
中子

$2He^2$原子

現代的原子概念出現在十九世紀，但事實上此概念自古以來就存在。

原子（atom）一詞來源於希臘語，意為「不可分割」。

哇啊！這絕對切不開。

原子

主張古代原子論的代表人物就是德謨克利特。

原子是萬物的本源

德謨克利特出生於希臘東北部色雷斯沿岸的阿布德拉。

這裡就是我的故鄉。

他曾去過巴比倫、埃及等許多國家，累積了不少經驗。

哇，德謨克利特活到109歲啊！

他研究哲學、文學、天文學、倫理學等。

常常面帶笑容，所以又被稱作「微笑的哲學家」。

他在老師留基伯之後完成了原子論的系統。

所有物質都是由原子構成

之後請交給我吧。

留基伯

世界是由無法再分割的原子和虛空組成。

哈哈，不知道是誰的學生，講得真好。

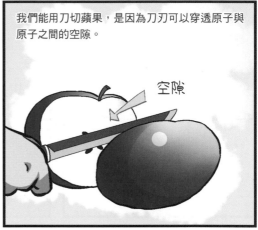

我們能用刀切蘋果，是因為刀刃可以穿透原子與原子之間的空隙。

空隙

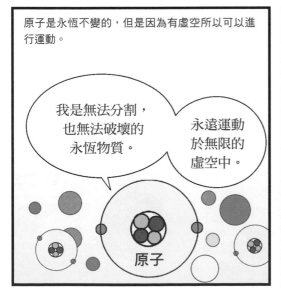

原子是永恆不變的，但是因為有虛空所以可以進行運動。

我是無法分割，也無法破壞的永恆物質。

永遠運動於無限的虛空中。

原子

他對赫拉克利特和巴門尼德的主張既同意又反對。

運動是對的，但沒有永不磨滅的東西。

永不磨滅是對的，但是沒有所謂的虛空。

赫拉克利特

巴門尼德

另外，他與強調大自然運動的力量是努斯（精神）的阿那克薩哥拉不同。

當然，努斯就是萬物的支配者啊！

阿那克薩哥拉

德謨克利特可以說是第一個主張精神也是從物質衍生出來的唯物論者。

唯物論是什麼？

主張萬物的本源是物質，精神也是物質作用的一種理論。

無數的原子在空無的虛空中四處不停碰撞。

彼此拉扯凝聚進而創造了事物，這就是他的主張。

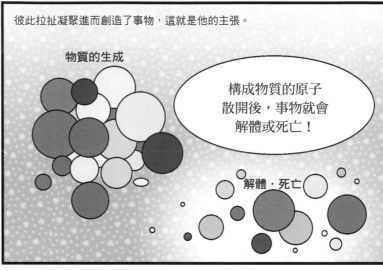

物質的生成

構成物質的原子散開後，事物就會解體或死亡！

解體‧死亡

根據原子的形狀、大小、位置、排列不同，會形成不同的性質。

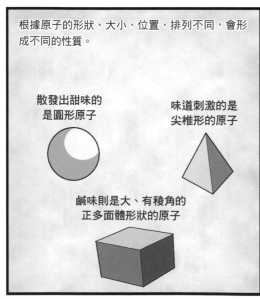

散發出甜味的是圓形原子

味道刺激的是尖椎形的原子

鹹味則是大、有稜角的正多面體形狀的原子

他主張人的靈魂、理性、感覺都是由原子組成的精細物質。

靈魂是由特別圓滑的「靈魂原子」構成。

他的想法雖然被伊比鳩魯及盧克萊修等古代哲學家和詩人繼承。

這本書裡有我以原子論為主題寫的詩。

關於事物的本質

但由於是過於前衛的主張，長期受到蘇格拉底等眾多哲學家和基督教徒排斥。

我們不同意那種想法。

然而原子論在十七世紀科學革命時期重新復活，十九世紀道爾頓提出了新形態的原子論。

中斷多年的原子論命脈，我要延續下去！

當然，德謨克利特的原子論和現代的原子論有很大的差異。

現代科學證明，連原子也可以分成電子、質子、中子。

中子
原子核
電子
質子
原子

但毫無疑問，他的思想對現代科學的影響比任何哲學家都大。

啪
啪

為古代的先驅者德謨克利特鼓掌！

德謨克利特的原子論在在蘇格拉底登場之前，可以說是希臘自然哲學達到最高成就的理論。

與其成為波斯國王，我寧願找到一個因果的解釋！

真是太帥了！

最早的詭辯家

普羅達哥拉斯

（西元前約485～西元前約414）

普羅達哥拉斯與蘇格拉底是同一個時期的人物。

我的年紀比你大，叫我大哥。

普羅達哥拉斯

從外表看起來你當然是大哥啊，哈哈！

蘇格拉底

普羅達哥拉斯出生於希臘東北部色雷斯的阿布德拉。

喔？跟我是同鄉呢！

德謨克利特

在希臘全境，特別是在雅典，教師和思想家普遍受到尊敬，享受財富和名譽。

他和我也是很要好的朋友。

推動雅典民主政治的政治家 伯里克里斯

他是最早的sophist（詭辯家）。

sophist是「智者」的意思吧？

嗯。但是，為了贏得辯論而說出很多難以理解的話，所以也被稱為「詭辯家」。

詭辯家有雄辯之才，就像教師講課一樣會在很多人面前演講。

真的很會說話。

他是詭辯家啊。

西元前五世紀，很多詭辯家以雅典為舞臺嶄露頭角，青年們花錢向他們學習雄辯的方法和辯論術。

我也想學習如何在辯論時能說贏別人。

是不是找錯啦？這裡不是自由搏擊場喔。

嗯？

我先付學費。

sophist又被稱詭辯家對吧？那麼就來介紹一個有關他的著名軼事。

嗯‥‥

有一天，普羅達哥拉斯被要求教一個青年關於論述的方法。

您是雅典城內最好的老師，請教我如何在審判中取得勝利。

還挺有眼光的，你找對人了。

但是青年沒有錢，於是普羅達哥拉斯便說在學成後第一次審判獲勝時再補繳學費。

就讓你先欠著，第一次審判贏了一定要還錢。

哎呀，真是太感謝了。

可是青年學成後只顧四處玩樂，憤怒的普羅達哥拉斯把他帶到審判場上。

可惡的傢伙，要讓他知道法律的可怕才行。

哼哼

站在法庭上的普羅達哥拉斯和青年展開了激烈的舌戰，但並未得出結論。

如果你在審判中獲勝，就要根據與我的約定支付學費。若輸了，則要服從判決支付學費。

如果我贏了，判決結果就是我可以不用繳交學費；如果我輸了，那麼依照與老師的約定我也不用繳學費。

他還真是會學以致用啊！

果然向好老師學習是會有收穫的。嘿嘿！

當然這個故事是虛構的，這是為了諷刺詭辯家的邏輯錯誤而編造的。

普羅達哥拉斯留下了「人類是萬物的尺度」這句名言。

尺度是什麼？

「尺度」是評價或測量時的「標準」。

這句話的意思是，對真理或世上一切的判斷標準因人而異。

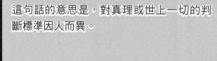

也就是沒有普遍客觀的真理，真理是主觀、相對的。

我，普羅達哥拉斯可以說是相對主義哲學的鼻祖。

這真的好美啊！

第一次見到這麼差勁的東西。

但是像普羅達哥拉斯一樣的詭辯家們的見解具有邏輯性矛盾。

邏輯陷阱

沒有普遍的真理，就沒有普遍的客觀真理，那麼他們的主張也是錯誤的。

呵，原來是這樣。就是自己否定自己的主張。

這叫自相矛盾。

如果沒有判斷真假、對錯的基準，哲學就沒有存在的理由。

因此，包括柏拉圖的很多哲學家非常討厭普羅達哥拉斯的相對主義。

相對主義是我們哲學家的敵人！

沒錯！

就是啊！

柏拉圖

但是普羅達哥拉斯因具有與以前的哲學家完全不同的思維，而受到很高的評價。

我很特別。

泰利斯

德謨克利特

赫拉克利特

普羅達哥拉斯

因為將哲學關注的焦點從自然世界轉移到人類世界的哲學家就是普羅達哥拉斯。

研究人類

研究自然

一般認為將哲學領域拓寬到人類世界的哲學家是蘇格拉底，但普羅達哥拉斯比他領先一步。

普羅達哥拉斯
→ 強調人類世界的相對性

蘇格拉底
→ 強調人類世界的普遍性

兩個人的差異就在這裡。

08 使哲學從天上來到人間

開始探索人間
蘇格拉底 I （西元前約469～西元前399）

好，現在輪到西方哲學巨頭蘇格拉底登場了。

各位！蘇格拉底先生終於要登場了！

存在哲學的代表
卡爾·雅斯佩斯

好像在哪常聽到這個名字？

他是世界四大聖哲之一啊！

蘇格拉底是為西方哲學打下基礎的人，對整個西方思想產生了絕對的影響。

啪 啪 啪 啪

古代哲學大致可分為蘇格拉底以前的哲學、蘇格拉底以後的哲學、希臘主義、羅馬哲學。

古代哲學		希臘主義、羅馬哲學

蘇格拉底以前的哲學
（希臘殖民地哲學，探索自然）

蘇格拉底以後的哲學
（雅典哲學，探索人類）

西方哲學以蘇格拉底作為區分，可見他的出現非常重要。

來，以蘇格拉底為基準集合！

從蘇格拉底到柏拉圖、亞里斯多德之後，古代哲學之花盛開。

嚇！

那麼蘇格拉底和以前的哲學家有哪些明顯的區別呢？

蘇格拉底和我們有什麼不一樣？

可以確定長得比我們醜。

呃！

他們的區別在於探索的對象不同。

蘇格拉底之前的哲學家們探索自然。

從蘇格拉底開始，轉而探索人類。

古羅馬政治家、文人
西塞羅

好，現在請轉乘這邊的巴士！

最早將哲學的關注從自然世界轉向人類世界的是普羅達哥拉斯。

探索人類之旅

普羅達哥拉斯

但一般認為，真正開始研究人類哲學的是蘇格拉底。

讓我來好好探究一番。

人類

自然

看那苦惱的樣子。

他把哲學的關注轉移到人類社會，以「怎樣生活才是正確的？」為焦點進行探索。

好想吃辣炒年糕啊！

不愧是蘇格拉底！

※砰

蘇格拉底出生在希臘雅典,父親是貧苦的石匠,母親是助產士。

喔!我們的孩子出生了。

呃!真是長得太醜了。

蘇格拉底身材矮胖、眼睛凸出、鼻子扁平、肚子鼓鼓、還有點禿頭。

一句話,就是長得醜。

長得不好看真是抱歉～。

他總是披著破爛衣服,赤著腳在雅典到處晃蕩,與人們串門子。

哎喲,大哥!

你們好呀,呵呵!

你的老師怎麼打扮成那樣?

穿著打扮有什麼重要的?有誰像我們老師一樣清心寡慾,叫他出來給我看看!

在當時,詭辯家們以傳授說話技巧賺了不少錢,過著不錯的生活。

希臘人

比起眼裡只有錢的詭辯家們,蘇格拉底要強上一百倍!

蘇格拉底鄙視那些詭辯家的行為,因此他在教導學生或其他民眾時,一分錢也不收。

那麼我用穀物代替錢……

不用,不管什麼我一律不收。

哎喲,要氣死了!

蘇格拉底的妻子 贊西佩

一言以蔽之，他是街頭哲學家，是將哲學從安靜的思考空間引導到討論和對話場所的人。

哲學來了。
但不是
每一天都來。

蘇格拉底大師

蘇格拉底大師

轟隆隆

他喜歡在阿哥拉廣場或街上與偶然遇到的人討論。

真正的知識
不是以文字，而是透過
活生生的對話傳達的，
知道了吧？

呼嚕嚕～

他並未給世界留下任何的文字。

孔子與釋迦牟尼
都沒留下什麼文字。

該不會
不識字吧？

著名的「蘇格拉底式問答」可說是其闡明真理的方法。

老師說過的話
由我們這些學生
來傳播。

是啊，
那是當然的。

他的行跡和思想透過弟子柏拉圖、色諾芬、喜劇作家阿里斯托芬的紀錄流傳下來。

對話錄
①

對話錄
30

我寫的是
蘇格拉底老師的對話，
大概有 30 篇左右。

柏拉圖

09 | 我知道我什麼都不知道

街頭哲學家
蘇格拉底 Ⅱ （西元前約469～西元前399）

聽過「認識你自己」這句話吧？

너자신을 알라!

※認識你自己！

這話不知為什麼聽了心頭一驚。

很多人都知道這是蘇格拉底說的，但實際上是刻在古希臘德爾斐阿波羅神殿柱子上的格言。

γνῶθι σεαυτόν
認識你自己

喔！有這麼一句好話。

蘇格拉底把這句話當作引導自己哲學人生的原則。

你個子太矮了吧！

認識你自己。

而且長得又醜。

認識你自己。

有一天，蘇格拉底的一位朋友到了德爾斐阿波羅神殿接受神諭。

他在那得到了「雅典沒有比蘇格拉底更賢明的人」的神諭。

在雅典最賢明的人是誰？

是蘇格拉底！沒有比他更賢明的人了。

朋友的話讓蘇格拉底懷疑。

我是最賢明的人？你聽錯了吧。

不，我兩隻耳朵可是聽得清清楚楚呢！

因為他覺得自己並不聰明。

不可能的，沒錯，絕對不可能。

※嗯…

他為了確認，便自行去尋找在雅典自認聰明的人。

尋找賢明的人。

我要找到最賢明的人。

結果蘇格拉底明白其他人是無知的，同時發現了自己與他們的不同之處。

尋找賢明的人。

什麼都不懂的人往往自以為是。

那就是蘇格拉底知道自己無知，但其他人並不知道自己無知。

看吧，我不是說了。

阿波羅神

蘇格拉底是全雅典最賢明的人啊。

蘇格拉底終於明白自己是最賢明的人。

至少我知道
自己什麼都
不知道。

之所以引用「認識你自己」這句話，是因為他相信哲學是從知道自己不知道的地方開始。

我什麼都不懂，
真是太無知了。

嗯，很好，具備了
哲學的姿態。

蘇格拉底想透過問答（討論）發現真理。

你認為正義
是什麼？

強者的利益
就是正義。

強者也是
人吧？

是，那是
當然的。

透過不斷的提問，凸顯出對方回答中的矛盾，讓他們明白自己的無知，引導出真理。

強者應該
也會失誤吧。

當然了。

那麼強者的
錯誤行為也是
正義的嗎？

…

蘇格拉底主張自己的理論，不是教導對方或使對方屈服。

而是透過對話，自然而然幫助對方認清事實。蘇格拉底的問答法被稱為接生術。

就像幫助
生孩子的產婆
一樣，幫助
尋找真理。

蘇格拉底一直說自己是「上帝送給雅典市民的牛蠅」。

為什麼是蒼蠅？

不是蒼蠅，是上帝送來的牛蠅！

這句話的意思是，他讓陷入自以為聰明和集體錯誤之中的雅典市民感到煩悶。

勇氣是？

幸福是？

正義呢？

真煩人啊。

蘇格拉底曾說，人之所以為非作歹是因為不知道什麼是善。

別逗了，你不知道，所以才會做這種壞事。

我知道什麼是對或錯！

明知道是對的卻不實踐，這種事是不可能的。

未能實踐善行的理由只有一個，就是根本不明白！

也就是說，知道和實踐並無不同，他主張「知行合一」。

知行合一

※知行合一

蘇格拉底認為哲學最重要的作用是宣揚美德，並使人能夠實踐。

蘇格拉底的實踐美德3階段

明白自己的無知

↓

發覺孰是孰非

→

實踐美德

他主張美德比財產、地位、名譽更重要，是連死亡都不能阻礙的人類靈魂本質。

人可以透過累積美德來享受幸福。

蘇格拉底否定了詭辯家的懷疑主義和相對主義，追求普遍、客觀、絕對的真理。

真理會因觀點不同而有所差異。是主觀、相對的。

主觀、相對

普羅達哥拉斯

才不是呢！

真理適用於一切。是普遍，客觀的！

同時普遍的真理是依據理性發現的，因此形成了尊重理性的傳統。

面談室

嗯，應該要從中選出最理性的人……。

他相信自己本身有「內在的聲音」能引導自己走上正確的道路。

什麼是內在的聲音？

或許可以說是良心的聲音吧？叫做「Daimonion」。

為了建立人類社會的普遍規範，也就是倫理的基礎，他付出很大的努力。

嗯，我在播種。

倫理

你幹嘛這麼努力？

但後來蘇格拉底以腐蝕年輕人的思想、不虔誠等罪名被處決。

陪審員

法庭

那些視他的論點為眼中釘的人誣陷他，將他推向死亡。

喔？剛才他批評了雅典的民主主義？

貴族們

對，那個人太危險，不能放任不管。

雖然在接受審判後曾有機會逃跑，但他和朋友討論後得出了「死亡是正確的」這個結論。

我們來討論一下，喝毒酒好還是逃走好。

什麼！在這種情況下還要討論？

蘇格拉底最後留下一句名言，飲下了毒酒。

惡法也是法律。

蘇格拉底最後還說：「我還欠一隻雞，別忘記還。」

別忘了，一定要還。

身為西方哲學支柱的蘇格拉底死後，他的思想延續到弟子柏拉圖身上。

徒弟，現在該你了！

知道了，老師！

古代哲學之花盛開

柏拉圖 I （西元前約428～西元前約347）

現代哲學家懷海德曾說：「所有西方哲學傳統不過是對柏拉圖思想的註腳而已。」

註腳是什麼？

就是在寫論文或書時，於正文下方補充或解釋某些內容。

意思就是換湯不換藥囉？

意思是柏拉圖的哲學中包含了從古代到當代所有西方哲學的論述。

我真是收了一個好徒弟，了不起。哈哈哈！

都是托老師的福，嘿嘿！

蘇格拉底　柏拉圖

泰利斯等自然哲學家對人類社會和道德漠不關心；普羅達哥拉斯和蘇格拉底對自然世界和物質不感興趣，但柏拉圖卻不同。

走開！

泰利斯　畢達哥拉斯　阿那克薩哥拉　蘇格拉底　普羅達哥拉斯

他把至今哲學家們關注的領域全都納入一個思想體系。

全部聚集起來！

物質　事物　人類　美德　道德　善　宇宙　正義　自然　國家　觀念

結合形上學和物理學、數學、倫理學、政治學、宗教等，以有系統的方式進行探索。

哲學地圖

因此，要說西方文明的道德哲學和科學基本上是柏拉圖思想的成就也不為過。

大家為這位偉大的哲學家鼓掌！

啪啪 啪啪 啪

柏拉圖的哲學框架很大，隨著長時間過去，他的思想在知識社會就發揮強大的力量。

你還在讀柏拉圖啊？

嗯，我對柏拉圖一無所知，我想知道他是什麼樣的人。

柏拉圖出生在雅典。

哇哇 哇～

嗯，這孩子就是我的徒弟。

柏拉圖不是本名，據傳是因為他有寬闊的肩膀。因為在希臘文中，柏拉圖有「平坦、寬闊」的意思。

你的名字就叫亞里斯多克勒斯吧。

咦？跟我的名字差不多啊？

亞里斯多德

現在還輪不到你出場。

他出身於富裕的貴族家庭，父親是王室後代，母親是擁有強大權力的查米德斯的妹妹。

他像名門子弟一樣夢想成為政治家。

是男人就應該從政。
哈哈哈！

但是，尊敬的老師蘇格拉底去世讓他受到巨大的衝擊。

噴……
看來很傷心啊！

怎、怎麼會
這樣！

他對可以合法處決像蘇格拉底這般人物的雅典民主政治感到絕望，放棄了政治家的夢想。

沒錯，
我下定決心了。
我要成為哲學家。

蘇格拉底的人生和教誨對他的哲學帶來了直接且決定性的影響。

我命你成為
我的接班人！

柏拉圖在30～70歲之間寫了約三十多篇《對話錄》。他的哲學思想都在書裡。

不過，為什麼
要叫做
《對話錄》？

除了其中一篇之外，其餘的內容都有蘇格拉底的蹤跡。

領悟無知，
闡明真理的
手段是？

當然是
問答法啦！

因為除了其中一篇之外，
其他都是以對話的形式撰寫，
我的話還挺多的吧？
哈哈哈！

書中大部分內容，蘇格拉底都是以主角的身分引領對話。

最愛您了，老師！

레디 액션!!

我完全就是主角啊。

※ Ready Action！！

他年輕時寫的早期《對話錄》忠實地記錄了蘇格拉底的哲學思想。所以也被稱為《蘇格拉底的對話錄》。

蘇格拉底的對話錄
初期－倫理學
辯解篇
克力同篇、查米地斯篇
拉黑斯篇
普羅達哥拉斯篇、高爾吉亞篇……等

年紀漸長之後所寫的中、後期《對話錄》內容，雖看似透過蘇格拉底說的話，但事實上卻是柏拉圖自己的哲學思想。

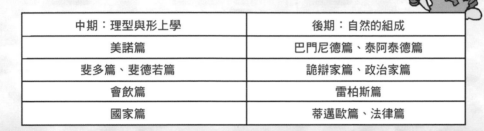

中期：理型與形上學	後期：自然的組成
美諾篇	巴門尼德篇、泰阿泰德篇
斐多篇、斐德若篇	詭辯家篇、政治家篇
會飲篇	雷柏斯篇
國家篇	蒂邁歐篇、法律篇

他曾到西西里島的敘拉古城試著想建立理想中的國家。

試著建立奇怪的……啊！不，理想的國家吧！

好，把你的企劃案交上來。

他在雅典附近設立柏拉圖學院，聚集了來自各地的青年講授學問。

現在的大學也可以說是由我所設立的學院開始的！

柏拉圖透過理型探究存在的本源，夢想建立一個具備「善」的理想國度。

好，詳細請看下一篇說明！

唯心論的理想主義者
柏拉圖 II （西元前約428～西元前約347）

柏拉圖50歲左右寫的《國家篇》佔了《對話錄》全部篇幅的五分之一，非常厚實。

要一次看完還真累啊。

國家篇
Politeia

這本書從「什麼是正義？」這個問題開始。

什麼是正義？

正義是什麼？

什麼又是正確的？

柏拉圖終於擺脫此生最尊敬的蘇格拉底的影響，展開了獨有的哲學。

那個不是我教的啊？

我現在也該獨立了。呵呵！

柏拉圖哲學的核心思想——理型論和關於理想國的內容就出現在此著作中。

終於完成了，理型論！

idea

※噹噹

好，那先來解釋什麼是理型（idea）論吧？

idea

跟想法的idea不一樣喔！

柏拉圖將世界分為現實界（現實世界）和理型界（理型世界）2種。

理型界

現實界

現實世界是指透過感覺體驗，暫時的、不完全的世界；而理型世界則是指透過理性認識，永遠不變的完美世界。

現實啊，你為什麼總是欺騙我？

理型啊，你真是太完美了，你是絕對不會變的啊！

現實　理型

人類透過五感來感受世界，但感覺是不確定的，因為每個人的感受都不一樣，產生錯覺，也常變來變去。

哇！這裡真的好冷！

抖抖抖抖

非洲人

韓國

不會啊！這裡很溫暖！

南極人

請你小聲一點！

我聽不到！

就像我們可以用眼睛看到地球，但是卻無法看到構成地球的原子一樣，我們無法看見這個世界的全貌。

我們的眼睛只能看到可見光，看不見紫外線對吧！

所以柏拉圖說，我們能用眼睛看到、用耳朵聽到的東西，也就是透過感覺體驗到的都是謊言。

警告

不要相信你的眼睛和耳朵！

而在無止境變化的感覺世界裡，永遠不變的存在就叫做理型。

理型就像是創造世界事物的模型。

和烤鯛魚燒的模型是一樣的啊。

理型用眼睛看不到、用手觸碰不到、也聞不到味道。

來抓我啊～～

理型

？

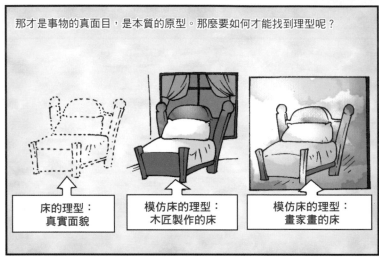

那才是事物的真面目，是本質的原型。那麼要如何才能找到理型呢？

床的理型：真實面貌

模仿床的理型：木匠製作的床

模仿床的理型：畫家畫的床

柏拉圖認為並非透過經驗，唯有透過理性（智性）的真知識才能看到理型。

理　性

可以看見理型的眼鏡

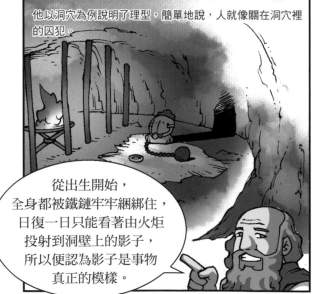

他以洞穴為例說明了理型，簡單地說，人就像關在洞穴裡的囚犯。

從出生開始，全身都被鐵鏈牢牢綑綁住，日復一日只能看著由火炬投射到洞壁上的影子，所以便認為影子是事物真正的模樣。

在這個故事中，洞穴是現實世界，被鐵鏈綑綁的囚犯就是我們。

影子
→ 透過感覺看到的事物

洞穴 → 現實世界

囚犯 → 我們

洞穴外 → 理型世界

我們就像囚犯一樣，眼睛看到的並非事物的真面目，只是牆上的影子罷了。

那個不是真的。

你在說什麼啊？我明明就看見了，怎麼會不是真的？

影子像幻影一樣，透過感覺接受的現實世界也是虛幻的。

這是真的鑽石啊。

哎呀，您看錯了，這是仿製品啊。

如果犯人逃出洞穴，看見洞外的世界，就會明白自己被騙了。

天哪，這是怎麼回事？和我在洞穴裡看到的完全不一樣！

柏拉圖認為從洞穴中逃出，看見洞外的世界就是「理性」。

來，抓著我的手跟著我走。

이성
※理性

現實世界的任何事物都有其理型，柏拉圖認為其中最好的就是「善」。

善

真

美

2　1　3

既然現實世界是模仿理型的世界，他主張模仿「善的理型」的人生是最理想的。

做個善良的人吧

柏拉圖對默許老師冤死的雅典民主主義感到挫折。

老師，嗚嗚！

蘇格拉底之墓

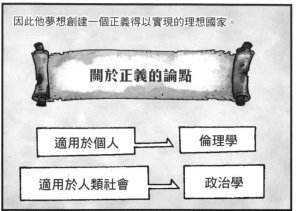

因此他夢想創建一個正義得以實現的理想國家。

關於正義的論點

適用於個人 → 倫理學

適用於人類社會 → 政治學

他不只停留在單純的夢想中，還試圖建設一個理想的國家。

불끈

※握拳

大不了就試試看吧！

柏拉圖曾三度造訪義大利西西里島的敘拉古。

克羅埃西亞

波士尼亞與赫塞哥維納

義大利

亞得里亞海

南斯拉夫

梵蒂岡

第勒尼安海

西西里島，敘拉古

地中海

敘拉古

他想勸說敘拉古城僭主迪奧尼休斯一世和二世來實現理想中的國家。

但他的三次嘗試均因獨裁者狹隘的態度和牽制而失敗。

立刻把柏拉圖趕出去！

柏拉圖主張人的靈魂是由理智、氣魄和慾望組成的，並以馬伕和馬來比喻。

氣魄　慾望

영혼 ※靈魂

理智

他把馬伕比喻成理智，把一匹馬比作氣魄，把另一匹馬比喻成慾望。

두 두 두 두

喝！

※噠噠噠噠

「慾望」這匹馬，不管怎麼鞭策，都會到處亂竄而無法控制。

※嘶嘶

히 힝

哎呀，真是束手無策。

而「氣魄」那匹馬則是順從指示。

這傢伙長得真好看！

名為「理智」的馬伕則是必須好好控制朝往不同方向移動的氣魄和慾望兩匹馬。

※啪！

철썩

이 히 힝

※嘶嘶嘶

「好好控制」則是實踐「美德」。他認為透過美德，理智可以轉化為智慧、氣魄可以轉化為勇氣，慾望則得以節制。

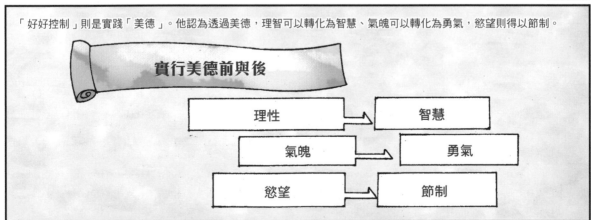

實行美德前與後

理性	智慧
氣魄	勇氣
慾望	節制

柏拉圖主張只有這三個德行，也就是智慧、勇氣、節制能取得協調，才能實現正義。

那就是柏拉圖的四種美德？

根據柏拉圖的說法，實行美德的國家，即是實現正義的理想國家。

正義所在的國家就是好國家！

社會成員分為統治者、守護者、生產者。

統治者　守護者　生產者

生產者（農夫等）過著節制的生活，守護者（後備軍人）勇敢地守衛國家。

統治者（哲學家）則用智慧管理國家，這樣就可以實現正義。

在他的見解中最引人注目的，是主張哲學家治理的國家是理想國家。

熱愛真理的哲學家應該成為國王。

或是國王成為哲學家也可以。

啊！要開始學習哲學才行了。

柏拉圖的思想主要集中在道德哲學和政治哲學，但他也十分關心自然科學。

關於自然的論點可以在他70歲時創作的《對話錄》中的《蒂邁歐篇》看到。

當然，他完全不同意以前自然哲學家們所主張的「世界的本源是物質」。

我認為所有物質都只是反映理型而已。

花的理型

花

他特別關注畢達哥拉斯學派的數學和幾何學。

不懂
幾何者
勿入此門

我創建的學院正門上就掛著這個牌子。

柏拉圖將各種分散的思想融為一體，建立了西方哲學體系，是一位偉大的哲學家。他在80歲時去世，長眠在柏拉圖學院所在的Akademos森林。

亞里斯多德 I

（西元前 384 ～西元前 322）

12 學問奠基者

如果要選出西方哲學中最具影響力的兩個人會是誰呢？應該是柏拉圖和亞里斯多德吧。

西方哲學的兩大支柱啊！

就是啊，老師！哈哈哈哈！

雖然兩人是師徒關係，但在很多方面的想法都不一樣。

我們要走的路似乎不同。

就是啊，老師！

那麼首先讓我們來了解一下亞里斯多德是什麼樣的人吧。

好奇我嗎？

亞里斯多德出生於位在古希臘北方，馬其頓帝國的斯塔基拉。

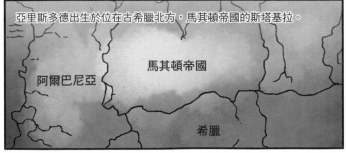

阿爾巴尼亞

馬其頓帝國

希臘

他父親是亞歷山大大帝的父親，馬其頓王阿明塔斯二世的御醫。

亞里斯多德對自然科學感興趣說不定是受到醫生父親的影響。

他10歲那年失去父母，被親戚扶養。

從現在起跟我一起生活吧。

好。

17歲到雅典留學，在柏拉圖創立的學院生活了20年，潛心研究。

先休息一下再唸書吧。

沒關係的，老師。

柏拉圖死後，亞里斯多德前往馬其頓，成為13歲小王子亞歷山大的家庭教師。

那個王子該不會就是後來建立大帝國的亞歷山大大帝吧？

賓果！

亞歷山大大帝後來為了老師，征戰各地的同時還蒐集當地的動植物送他。

老師
我在印度發現了珍貴的植物。

亞歷山大 敬上

亞歷山大成為國王登上遠征舞臺後，亞里斯多德便回到雅典，建立了呂克昂（Lyceum）學校。

亞里斯多德流傳至今的大部分著作都是那一時期的講課筆記。

呼呼！老師，請您說慢一點……。

都記好了嗎？

他經常與門徒在樹林中散步，一邊研究、討論哲學，所以其學派被稱為逍遙學派。

逍遙學派啦！

不是消遣學派嗎？

亞歷山大大帝死後，雅典出現了反馬其頓的行動，亞里斯多德因為曾與他有師徒關係而成為目標。

必須將亞里斯多德送上法庭！

沒錯，那傢伙跟欺負我們的馬其頓人很親近！

最後他在雅典躲藏起來，但沒過多久就離開人世，享年62歲。

那我就告辭了……。

亞里斯多德奠定了西方各種學科的基礎，因此被稱為「學問之父」。

那叫雜學之父怎麼樣？

你是討打嗎?!

因為他的研究領域遍及形上學、邏輯學、倫理學、心理學、政治學、修辭學、藝術、生物學（動物學、植物學）、博物館學、天文學、氣象學等。

哇！一個人真的能研究那麼多學問嗎？

天才啊，真的是天才。

幾乎沒有什麼領域的學問是他未涉獵的，探索知識的慾望到了無止境的地步。

這樣還不夠，我還是覺得不夠。

他足足研究一百多個主題，留下了超過四百種龐大的著作。

自然學
關於靈魂
氣象學
動物研究
分析論
關於夢
範疇論
辯證論

他將以前在哲學領域內原本籠統的學問，細分成幾個不同領域，並加以命名，形成體系。

這些學問的名字，我都取好囉！

物理學
經濟學
政治學
倫理學
詩學

亞里斯多德根據「所有存在的事物都有目的」的世界觀，建立了屬於自己的哲學世界。

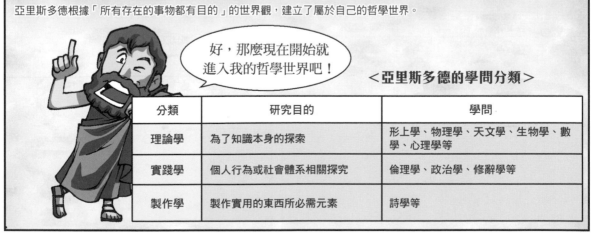

好，那麼現在開始就進入我的哲學世界吧！

〈亞里斯多德的學問分類〉

分類	研究目的	學問
理論學	為了知識本身的探索	形上學、物理學、天文學、生物學、數學、心理學等
實踐學	個人行為或社會體系相關探究	倫理學、政治學、修辭學等
製作學	製作實用的東西所必需元素	詩學等

経驗論的現實主義者

亞里斯多德 II

（西元前 384 ～ 西元前 322）

13 以目的論為基礎
探索世界

如同前面所述，西洋哲學史的兩大巨擘，亞里斯多德與柏拉圖彼此抱持相反的見解。

柏拉圖無視現實世界中的現象，追求觀念；而亞里斯多德則認為在現實世界中的經驗很重要。

拉斐爾，《雅典學院》壁畫的一部分

柏拉圖以手指天，
代表重視觀念的意思；
亞里斯多德以手指地，
代表重視現實的意義。

所以柏拉圖被稱為觀念論的理想主義者，而亞里斯多德是經驗論的現實主義者。

我支持
亞里斯多德！

我贊成
柏拉圖這邊！

亞里斯多德首先批評柏拉圖哲學思想的核心「理型論」。

雖然從老師那裡
學到了很多，但似乎
不是那樣的……。

柏拉圖

現實世界中事物的本質如果是一種理型，那麼事物本身和本質要如何區分呢？

番茄本身和番茄的本質如何能分開存在呢？

好想吃～！

同時，如果現實世界的事物是理型世界的複製品（仿製品、影子）……

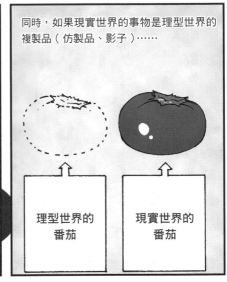

理型世界的番茄

現實世界的番茄

那麼如何可以讓原形保持不變，而複製品繼續變化？

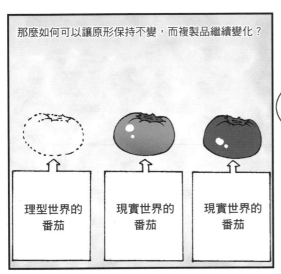

理型世界的番茄

現實世界的番茄

現實世界的番茄

雖然亞里斯多德承襲了許多柏拉圖的知識遺產，但他否定關於理型的一切。

請告訴我前往理型世界的道路。

那種世界並不存在。

旅人

他相信在現實世界中，事物的本質存在於事物本身之中。

重要的是對現實世界的理解與知識。

番茄的本質

同時他認為在獲取知識時，「經驗」扮演著相當重要的角色。

因此我的哲學被稱為是經驗論的現實主義。

經驗

當我們說明一件事時所使用的就是邏輯。

媽媽，多給我一些零用錢吧。

為什麼需要增加零用錢，給我一個合乎邏輯的解釋！

邏輯，即是將自己的主張或想法以一致的道理進行說明，將這個學問系統化的人，便是亞里斯多德。

我就是邏輯學的創始者。

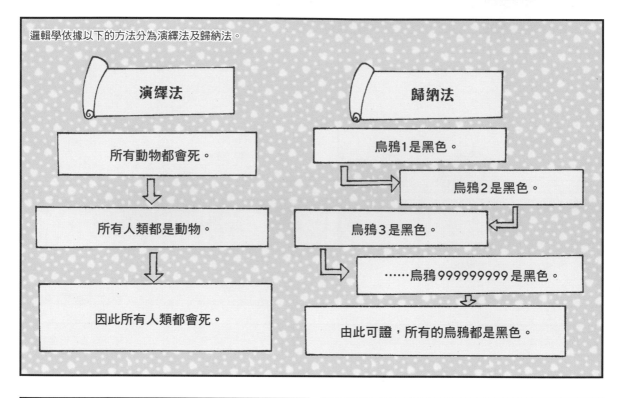

邏輯學依據以下的方法分為演繹法及歸納法。

演繹法

所有動物都會死。

↓

所有人類都是動物。

↓

因此所有人類都會死。

歸納法

烏鴉1是黑色。

烏鴉2是黑色。

烏鴉3是黑色。

……烏鴉999999999是黑色。

↓

由此可證，所有的烏鴉都是黑色。

亞里斯多德認為不具備邏輯學知識就無法學好學問，也就是說邏輯學是學習所有學問的道具。

他所有關於邏輯學的理論統稱為「工具（organon）論」。

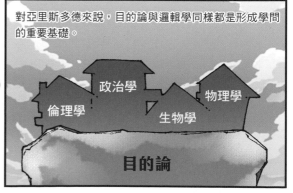

對亞里斯多德來說，目的論與邏輯學同樣都是形成學問的重要基礎。

政治學

物理學

倫理學

生物學

目的論

目的論是指人的行動都有目的，就像建築物有其建造的目的。

並且，事物為了達成目的，內在都包含了變化和運動的原理。

就像一棵蘋果樹，包含了長樹葉、開花、結果等變化的原理！

下雪、閃電等自然現象；泥土、石頭等自然界的產物也都有各自的目的。

閃電！你的目的是什麼？

※轟隆

同時他主張產生變化與運動時有四大原因，即形式因、質料因、動力因及目的因。

這就是亞里斯多德的四因說。

四大原因 → 形式因（形態）、質料因（材料）、
　　　　　　動力因（為了產生作用加諸的動力）、
　　　　　　目的因

舉例來說，用一塊大理石雕刻大衛像。

大理石（質料因）

雕刻家（動力因）

依照雕刻家的想法，大理石變化成為大衛像，大理石本身即具有為了成為大衛像而變化的原理。

我已經做好成為大衛像的準備了！

是我雕刻石頭？還是石頭被雕刻呢？

大理石的目的是成為大衛像，從結果來看，可以說在大理石塊內裝了一個未來的大衛像！

大衛像
（形式因）

鏘鏘！
剛才的那塊大理石就是我！

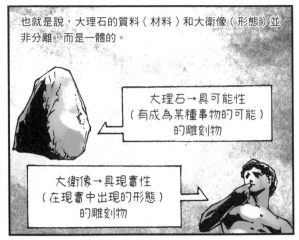

也就是說，大理石的質料（材料）和大衛像（形態）並非分離，而是一體的。

大理石→具可能性
（有成為某種事物的可能）
的雕刻物

大衛像→具現實性
（在現實中出現的形態）
的雕刻物

如果問是「先有雞，還是先有蛋？」亞里斯多德會回答：先有雞。

雞蛋的目的是成為雞。因為我主張目的論，所以我認為應該是先有雞。

他認為所有事物都有目的，人類的所有行為也都有目的。

尼各馬科倫理學

這是在《尼各馬科倫理學》中出現的。

為什麼是這個名字啊？

尼各馬科倫理學

亞里斯多德

是以我兒子尼科馬庫斯命名的啊！

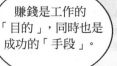

人類的行為是目的，同時也是手段。不是為了其他而行動，而是追求行為本身而動，

賺錢是工作的「目的」，同時也是成功的「手段」。

為什麼要唸書？→為了求職→為什麼要求職？→為了工作→為什麼要工作？→為了賺錢→為什麼要賺錢？→為了成功→……

那就是幸福。也就是說，人生的積極目的是「幸福」。

希望大家都幸福！

亞里斯多德認為幸福就是生活過得好的意思。

過得還好吧？

什麼叫做過得好？

「過得好」是指人類發揮本身具備的固有機能，好好生活的意思。

嗯，那是什麼呢？

在喃喃自語什麼啊？

理性思考是只有人類擁有的能力，因此人類最大的幸福就是過理性生活。

理性是唯獨人類才有的東西！

什麼啊，是來炫耀的嗎？

跟隨理性思維是人類所擁有最高的德性，能在生活中實行這種德性就是最大的幸福。

咦？還有比吃更幸福的事嗎？

嗝

亞里斯多德主張如果沒有哲學的沉思冥想、沒有追求真理的行動，最後是不會得到幸福的。

老師，為什麼必須冥想？

如果不想得到幸福就不用勉強……。

亞里斯多德有一句名言：「人是天生的政治動物」，他主張國家應以善為目的。

我在《政治學》中也強調目的論。

政治學

他將政治學視為倫理學的一部分。也就是說，國家是為了實現個人道德及知識的完善而存在。

個人可以透過國家追求幸福！

但是，國家的成員是否能夠過善良的生活，取決於統治者如何行動。

嘖嘖，在那樣放蕩的獨裁者統治之下是不可能的。

亞里斯多德與柏拉圖不同，他並不憧憬理想國。

正義既然存在，就要建設國家！

那個……老師最後還不是失敗了。

不過他針對國家可以長久存續的方式，以及相對來說最好的政府形態等，提出了實踐性的國家理論。

沒有適用於任何地方的最佳政府形態！

柏拉圖認為自然模仿理念，藝術再模仿自然，藝術是一再模仿理型的事物，所以他鄙視藝術；相反地，亞里斯多德則肯定藝術的價值。

立刻丟掉！藝術是扭曲真理的垃圾！

這是千挑萬選的禮物啊……。

亞里斯多德認為藝術是模仿自然的產物，能夠傳達關於自然的訊息。

哼，看起來挺好的，為什麼要那樣…。

同時他認為藝術能區分人和動物，人有模仿的本能，並能從中獲得快樂。

看悲劇，
有*淨化的感覺！

淨化（catharsis）：消除內心的憂鬱、不安、緊張，淨化心靈。

亞里斯多德也是研究生物學、天文學、物理學、氣象學的科學家。

啊！好忙啊！
好忙！

其中他最感興趣的是動物學，在古代被稱為是跨世紀最偉大的生物學家。

動物探究　動物的行動　動物的發聲　論動物的組成

在龐大的著作當中，有20%以上都在探討生物學相關領域。

他留下了各種動物觀察紀錄和解說內容，並將動物分類成與今日非常接近的形態。

觀察過的動物有500多種，解剖過的有50多種。

例如他將動物分成溫血動物與冷血動物；認為鯨魚和海豚並非魚類，而是比較接近哺乳類。

植物分為
喬木、灌木、草木
三種！

亞里斯多德擁有如此淵博的學問，留下了龐大豐富的探索結果。兩千多年來，亞里斯多德對西方文明產生了巨大的影響。

人類是社會性的動物……。

那不是亞里斯多德的名言嗎？他真是位偉大的哲學家啊！

14 獲得心靈平靜的享樂主義

透過寧靜得到幸福
伊比鳩魯學派 （西元前四世紀～二世紀）

亞里斯多德死後一直到古代結束的四～五世紀出現的哲學，稱為希臘化時代的哲學。

希臘化時代

從西元前334年亞歷山大大帝開始遠征波斯開始，到羅馬建立新帝國的西元前30年為止。

在希臘化時代，亞歷山大大帝建立的帝國中出現東方文化與希臘文化的融合。

我在歐洲、地中海、北非、小亞細亞建立了大帝國！

馬其頓的亞歷山大大帝

從另一方面來看，也可說是希臘文化從鼎盛到衰退。

啊，就這樣凋謝了啊！

希臘文化

在這個時代背景下哲學關注的焦點，比起真理更注重「如何生活」的實踐性問題。

該如何才能得到心靈的平靜呢？智慧比真理更重要。

昔蘭尼學派、伊比鳩魯學派、斯多葛學派、犬儒學派、懷疑學派、新柏拉圖學派等都屬於這個時代。

欸？怎麼會有這麼多？

學派 學派 學派 學派 學派 學派 學派

好，那我們來認識一下伊比鳩魯學派吧。

Epicurean school（伊比鳩魯學派）

伊比鳩魯（西元前約341年～西元前270年）出生於愛琴海東部的薩摩斯島。

伊比鳩魯

他31歲時開始在雅典講授哲學，35歲時設立了伊比鳩魯學院。

我們學院就在「伊比鳩魯的庭院」！請大家一起來。

伊比鳩魯學派的人在這個學院中共同生活，研究學問、交流情感。

我們也接受女人和奴隸，因為人都是平等的。

伊比鳩魯在自然科學上接受德謨克利特的原子論。

我的哲學博士論文主題就是《德謨克利特的自然哲學和伊比鳩魯的自然哲學的差別》。

以《資本論》聞名的經濟學者馬克思（十九世紀）

對他來說，原子論中最重要的就是不管人或神，都是原子的結合物。

人類不是受神支配的存在！

喂，胡說八道！

神不可介入自然或人類的命運中，所以人沒有必要害怕神，也不需要崇拜神。

神會懲罰壞人，造福好人？別說笑了。

他又說人不需要對死亡感到恐懼。

既然不恐懼死亡為什麼還要逃跑？

咻 咻 咻

不是恐懼死亡，是大叔你長得太可怕了！

遺忘之河

陰間使者

因為人死了，感覺和意識也會消滅，所以無法感受到快樂和死亡的痛苦。

※呼呼呼

黑黑黑

當我們存在的時候，死亡不存在；當死亡存在的時候，我們就不存在。

他主張我們的生活充滿快樂，人就會變得幸福。

快樂是好的（善），痛苦是壞的（惡）！

不過有一點千萬不能誤會！在這裡指的快樂並不是滿足貪慾，沉淪於享樂、感官上的快樂。

嗯？快樂不就是吃、喝、玩啊，不然呢？

他所說的快樂是指「完美的心靈平靜」。

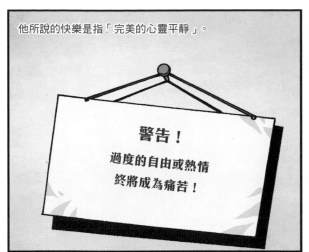

警告！
過度的自由或熱情
終將成為痛苦！

他主張人可以從對死亡的恐懼和痛苦中解放出來的狀態「ataraxia」獲得幸福。

a⋯atara⋯
什麼？

啥？

是「不被雜念
所束縛，平靜的
心靈狀態」的意思。
好好記住了。

他還勸告世人，不要追求財富和榮譽，要滿足於樸素的飲食，與朋友分享情誼。

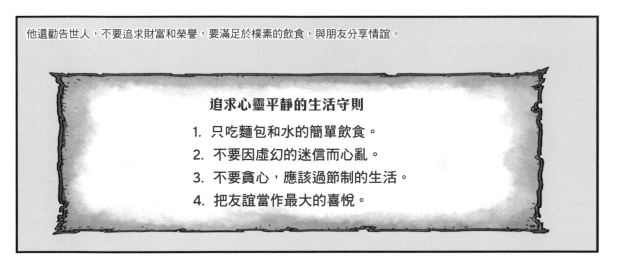

追求心靈平靜的生活守則

1. 只吃麵包和水的簡單飲食。
2. 不要因虛幻的迷信而心亂。
3. 不要貪心，應該過節制的生活。
4. 把友誼當作最大的喜悅。

伊比鳩魯學派的道德哲學重視個人的快樂並視為基本，對政治和社會完全不感興趣。

我不想過
吵吵鬧鬧的
日子。

他們喜歡隱居、隱密地生活，不希望自己受到關注。

伊比鳩魯學派的代表人物有菲洛德穆、邁特羅多魯斯以及古羅馬詩人盧克萊修等。

盧克萊修

我一共寫了6卷
闡明伊比鳩魯學派
哲學的敘事詩
《物性論》。

物性論

主張跟隨自然的禁慾主義者

15 克制慾望，保持精神平靜

斯多葛學派 （西元前三世紀～二世紀）

斯多葛學派和伊比鳩魯學派一樣，對「幸福的生活方式」進行思考。

斯多葛學派

要怎麼樣才能得到幸福呢？

創立斯多葛學派的是芝諾，他出生在塞普勒斯島。

巴門尼德的弟子，你是埃利亞的芝諾。斯多葛學派的我，是塞普勒斯的芝諾。

呃？我也是芝諾耶⋯⋯。

埃利亞學派的芝諾

斯多葛學派的芝諾

芝諾在30歲的時候來到雅典唸書，建立了學派，在公民集會廣場附近，有著成排柱子的門廊上講授哲學。

就是在這個門廊。

因為門廊的希臘文發音為「斯多葛」，所以取名為斯多葛學派。

原來如此。

斯多葛學派的代表性人物在初期有以雅典為中心活動的芝諾、克雷安德、克律西波斯等。

我就是芝諾的繼承者。

一邊挑水一邊學習哲學。

繼承芝諾學說的克雷安德

中期以後是以羅馬為活動中心的潘尼提烏、塞內卡、愛比克泰德、馬勒·奧里略。

斯多葛學派以「神在萬物之中」的思想作為哲學的基礎。

欸？意思是這世界不是我創造的？

賓果！因為你並非單獨存在於宇宙之外。

尼祿皇帝的老師塞內卡（西元前約4～65年）

奴隸身分的愛比克泰德（西元約55～135）

羅馬帝國第16代皇帝馬勒·奧里略（西元121～180）

這裡所說的神是指自然法則，即支配宇宙的Logos（理性）的意思。

就是這樣形成的。

大自然充滿了Logos（理性），也就是所謂的神。自然的原理就是神的原理。

補充一點，因為人是自然的一部分，所以人的靈魂裡也蘊含著神！

斯多葛學派根據這樣的世界觀，主張「所有人都是世界的公民」，大家都是平等。

這也叫做世界主義或Cosmopolitanism。

Cosmopolitanism

這種見解對羅馬的萬民法和近代自然法、泛神論的哲學思想產生了很大的影響。

泛神論是什麼？

意思是神並非單獨存在，而是包含在萬物之中！

因此，斯多葛學派主張「與自然法則一致」的生活就是幸福的生活。

跟隨自然吧！哇哈哈！

※嚇

知道自己的命運，按照自己的命運去生活，順其自然就會感覺到幸福。

財產？名譽？權力？那些非我們能力可得到的，所以不要太貪心了！

曾是奴隸後被解放的哲學家，愛比克泰德

斯多葛學派的代表性哲學家，也是有名的暴君，羅馬帝王尼祿的老師塞內卡這麼說過。

我在尼祿皇帝即位初期，是羅馬實際統治者之一。

別費心使所願的事情發生，順其自然讓事情以該發生的方式發生，就會得到幸福。

很帥吧？這是我說的。

他們相信，當快樂、悲傷、憤怒、慾望、恐懼、痛苦等情念得到自由時，就會變得幸福。

現在該向你們告別了，我想變得幸福。

快樂　恐懼　痛苦　悲傷　慾望

從情念中擺脫，內心變得安靜的狀態稱為apatheia（不動心）。

幸福就是apatheia！

斯多葛學派

為了達到apatheia的境界，強調人要抑制慾望，過忍耐的生活。

哎喲，這個愛吃鬼，你要變幸福可難了。

斯多葛學派

好吃

斯多葛學派又稱禁慾主義，也是因為這個理由。

禁慾主義的英文為Stoicism，就是源自斯多葛學派。

禁慾主義
→Stoicism

他們看重人的理性，強調透過理性抑制感情，過虔敬的生活。

喂，你剛才對我說了什麼？

哲學家

嘖嘖……
你聽不懂啊。
要控制住感情，
理性、虔誠地生活。

斯多葛學派哲學家當中，最有名的人物就是羅馬帝國第16代皇帝馬勒·奧里略。

陛下，
現在戰爭……！

噓！沒看到我正在冥想嗎？

在戰地軍營寫書的馬勒·奧里略

他創作的《沉思錄》是最多人閱讀的西方經典之一，蘊含了幸福生活的哲學。

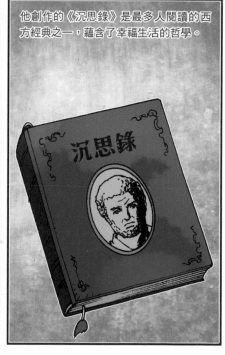

沉思錄

拒絕對真理獨斷的判斷

懷疑學派 （西元前四世紀～三世紀）

16 停止判斷！

皮朗

懷疑學派與斯多葛、伊比鳩魯學派幾乎在同時期出現，提出實踐幸福的方法。

懷疑學派？是大家聚在一起彼此懷疑嗎？

哎喲，真是無知，才不是這樣！

「懷疑」是抱持疑心的意思，英文為skepsis，源自希臘文「探索」的意思。

小偷

你到底在探索什麼啊？

嗯，這個很可疑、那個也很可疑。

懷疑學派可說是在亞歷山大大帝突然去世後，社會因而陷入混亂的氛圍而產生。

越混亂的時候懷疑就越多。

嚇！

懷疑學派的始祖為皮朗（西元前約360～西元前270），懷疑論被稱為Pyrrhonism，可以說是從他的名字而來的。

我出生於希臘的伊利斯，曾隨亞歷山大大帝遠征印度，與當地的賢人交流。

皮朗就像其他希臘化時代的哲學家一樣，強調「內心平靜狀態」的幸福。

若要成為
有智慧的人，就要像
這隻豬一樣擁有
平靜的心！

懷疑學派強調沒有絕對、客觀的真理，
拒絕對真理的武斷和主張。

你說的話一定是對的嗎？
我說的、他說的也可以是對的，
世上沒有絕對的真理。

沒錯，
果然像個
懷疑論者。

懷疑學派

皮朗

世上只有真理的偶然性（雖然不是絕對確定，但我認為可能是那樣）。

因為真理是不確定的，所以寧願透過中止所有判斷來獲得靈魂的平靜。

懷疑主義者的對話習慣

也許世界是由
原子組成的。

也許明天
會下雨。

也許神
真的存在。

獲得
內心平靜
之路

判斷
STOP

所謂不安，就是出於想要了解並評價某項事物而帶來的壓力，所以不做判斷就不會感到不安。

越想判斷真理
就越會陷入
嚴重的混亂！

但這不代表懷疑論者不關心世界，他們是對事物深思熟慮後，保留了判斷。

我們這種哲學態度，
給笛卡爾之類的
哲學家帶來很大的影響。

笛卡爾

主張唯一存在的神祕主義哲學

新柏拉圖主義（二～六世紀）

17 柏拉圖理想主義哲學的復活

普羅提諾

柏拉圖

到了羅馬時代，哲學被視為常識和教養，被當作處世的智慧。

哲學有什麼了不起？

只是對生活有一點幫助而已。

而新柏拉圖主義者則批判這種哲學世俗化，試圖導回柏拉圖的理想主義哲學。

並不是只有柏拉圖……

應該也有受到我們的影響吧？

那是當然的，哈哈！

亞里斯多德

芝諾斯多葛學派

普羅提諾

代表哲學家普羅提諾（西元約205～270），他出生於埃及，40歲時前往羅馬建立學校。

新柏拉圖主義的始祖就是我的老師。

你好！

安莫尼烏斯·薩卡斯（西元約175～242）

普羅提諾認為世界本源是唯一的（絕對完全唯一的存在），只有這個才是真的。

就是這樣。

唯一者＝絕對者＝完全者＝神＝超越者＝絕對性

世上所有一切來自於唯一，並且會再回歸於唯一。

我也像是尋覓出生地的鮭魚一樣，總有一天會回歸唯一。

從唯一者開始產生理性，下一個階段產生靈魂，再下一階段是物質，從而成就了世界。

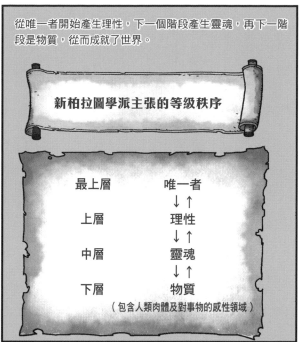

新柏拉圖學派主張的等級秩序

最上層	唯一者
	↓ ↑
上層	理性
	↓ ↑
中層	靈魂
	↓ ↑
下層	物質

（包含人類肉體及對事物的感性領域）

就如同太陽發光後再漸漸褪色，接著黑暗降臨。理性與太陽（唯一、絕對）接近，物質則與黑暗相似。

肉體處於最下層階段，接近於惡。

看來老師為帶著身體誕生這件事感到羞愧。

碎 碎

我們的靈魂如果選擇理性，就會提升為善；如果選擇感情，就會下降為惡。

淨化靈魂的原動力是愛。透過冥想淨化靈魂，就能看到絕對的存在。

唯一者、拯救靈魂、視肉體為惡這些觀點，讓新柏拉圖主義帶有宗教色彩。

他就是首位神祕主義哲學家？

是宗教哲學的創始人……。

此後約一千年期間的基督教都帶有神祕主義傾向。可見新柏拉圖主義對基督教產生了很大的影響。

新柏拉圖主義和基督教思想……有很多共同點。

新柏拉圖主義

基督教思想

18 從人的時代到神的時代

游斯丁、特士良 （西元二世紀）

西羅馬帝國滅亡的五世紀，歐洲歷史也結束了古代，進入中世紀。

不過中世紀哲學其實更早，從西元二世紀就已經開始了。

因為那時已經出現中世紀哲學的特徵──以基督教為基礎的思想。

耶穌的出現讓基督教開始廣泛傳播愛、救援、贖罪、永生等知識。

但當時基督教被認為是異端或迷信，受到迫害。

是基督教信徒。

呸，竟然會信奉基督教那種迷信⋯。

耶穌被釘在十字架上死而復活後，弟子彼得和保羅不顧各種鎮壓，努力傳播基督教。

啊！耶穌復活了！

是啊，我們不要灰心喪氣，要更加努力傳道。

使徒 彼得

使徒 保羅

基督教領導人在初期把重點放在宣傳耶穌的教誨和行蹟上，但逐漸發現需要 *教義。

教義

教義：宗教的原則或道理。

為了要面對其他宗教或哲學家的批評，為自己的信仰辯護，必須使更多人理解基督教。

如何才能呼籲人們要理性呢？

因此出現了被稱為教父的基督教領導人樹立的思想，也就是教父哲學。

各位好，這是新登場的教父哲學派。

希臘羅馬時代的哲學家會議（二世紀）

第一次聽說耶⋯。

斯多葛學派

伊比鳩魯學派

懷疑學派

新柏拉圖主義

嗯？什麼是教父哲學？

我也不知道。

初期教父哲學中的代表人物就是游斯丁。他在西元100年左右生於巴勒斯坦的納布盧斯。

這些是我留下的書。

《護教》
《與特來弗對話錄》

他學習斯多葛哲學和柏拉圖哲學後，成為基督教徒，在羅馬等各個地方致力傳教。

啊，好忙，好忙啊！

他認為基督教和希臘哲學一樣，渴望永遠不變、卓越的完美理性，即神的logos（理性）。

事物的本源＝logos

神的話語＝logos

柏拉圖

但希臘哲學中所說的logos是指神說的話，在這裡就是由耶穌所體現的主張。

柏拉圖

游斯丁

我同意你們主張的logos，我們和解吧。

不過，希望各位了解，能實現logos的完美存在就是耶穌。

他們強調只有基督教才能解答所有哲學問題，將人類從不道德和罪惡中救贖出來。

我來到這裡，就是為了教你們何謂真理，將你們從惡的勢力中拯救出來。

游斯丁可說是積極將希臘哲學和基督教啓示結合起來，打下神學基礎的人物。

嗚嗚

我一直說明基督教不是迷信，結果卻被指控為破壞分子，最後被處決了。

另一名初期的教父哲學家是特士良（西元160～220），出生在北非的迦太基。

我的故鄉在迦太基，這裡有位很有名的將軍叫漢尼拔，各位知道吧？

位於非洲突尼斯的迦太基遺址

他在羅馬學習法律並執業，受殉教者的犧牲而感動，所以改信基督教並成為主教。

真感動，我也要成為基督徒。

游斯丁希望基督教與希臘哲學和解，但特士良則是完全拒絕哲學，主張基督教是超越理性的信仰。

哼，不要，哲學算什麼啊！

與希臘哲學友好相處很好啊。

他主張基督教與哲學的理性沒有關係，所以是非常真實且偉大的。

哲學

我們與哲學是完全不相干的啊。

踢

他指出哲學與基督教教義相違背，所以應該排斥所有哲學，純粹地集中信仰。

信仰包含了哲學。

啓示兼顧理性！

他用「因為不合理才相信」和「普通的信徒都比柏拉圖強」來強調信仰的偉大。

呃，我比柏拉圖還強嗎？

當然了。這就是信仰的偉大啊！

亞歷山大學派（西元二～三世紀）

西元二世紀中葉（180年左右），非洲北部亞歷山大建立了歷史上最早的教理學校。

基督教的發源地
巴勒斯坦

宗教信仰活動的
中心，羅馬

神學的中心
亞歷山大

曾擔任該學校院長的革利免和俄利根稱為亞歷山大學派。

二代校長
革利免

出身雅典
並研究
希臘哲學。

出生在
亞歷山大的
殉教者家庭，
是禁慾
主義者。

三代校長
俄利根

他們視神為超越的、永恆不變、純粹的完整體，藉助希臘哲學的力量，將教義系統化。

※基督教精神

※基督教

※希臘哲學

革利免認為需要柏拉圖及斯多葛學派的哲學方法來傳播基督教。

各位前輩
請幫忙。

柏拉圖

芝諾

另外，他認為當猶太律法和希臘哲學全都完成便是基督的真理。

他寫了倫理、神學書、以及聖經說明書，教育未來的神學家與教會領導人，並展開關於宗教的爭論。

俄利根運用新柏拉圖主義的普羅提諾所提出「唯一者」的概念，來說明基督教的神。

人類是神的造化之物，憧憬完美的神，這可說就是信仰的源泉。

他認為基督教和哲學的協調很重要，主張應該透過邏輯思考來理解聖書。

雖然因為這樣的見解受到教會批評，說他是異端分子，但是他仍持續不斷地以邏輯解釋信仰。

20 人類真正的幸福是敬愛神

讓教父哲學系統化的
奧古斯丁 （西元354～430）

如同前面所述，教父哲學是受信仰其他宗教的人和哲學家批判，為了守護基督教而開始的。

為什麼要那麼認真呢？

我正在製造可以與那些攻擊基督教的人對抗的武器。

但是初期的教父哲學只是視情況利用希臘哲學進行辯論而已，並未具備真正的哲學理論。

人們所謂的哲學是有點不怎麼樣。

是嗎？

於是他們逐漸開始嘗試建立自己的概念，終於由奧古斯丁建立了有系統的邏輯。

好，這回就來好好試一次吧！

呵呵～

奧古斯丁

在三世紀到八世紀的教父哲學時期，站在最頂峰的教父哲學家就是奧古斯丁。

我是最厲害的。

他認為人類的救贖，只有透過神的全能意志才能實現。

神拯救人類的意志在基督教中被稱為「神的恩典」！

因此他主張人應該在神的國度裡熱愛神，謙遜地祈求神的恩典與拯救。

神的國度，不就是那裡⋯⋯？

不！是這裡。

奧古斯丁所說的「神的國度」，指的是基督教共同體，也就是教會。

他強調人類真正的幸福在於敬愛神，跟隨神的攝理才是真正的自由。

啊！

像那樣敬愛神的時候才感覺到自由。

神是我們靈魂中真理的根源，若想要尋找神，就要探索自己的內心。

不要向外尋求，回到你自己內在，人的內在才是真理停留之處。

奧古斯丁哲學的根本就是「透過愛完成」。人類行為的原動力就是愛。

出自我，奧古斯丁語錄。

善出於真善之愛當中。自由的律法是愛的律法。愛是救贖的「原動力」！

21 神學與哲學的相遇

經院哲學的完成者

聖湯馬斯・阿奎納

（約1225～1274）

教父哲學的完成者是奧古斯丁，經院哲學的完成者就是聖湯馬斯・阿奎納。

我就是經院哲學的王！

哈哈哈‥

首先來了解何謂經院哲學。

嗯，讓我來仔細看看。

※經院哲學

中世紀的學校主要建在修道院、教會、宮廷裡，在裡頭研究學問與授課。

經院哲學就是學校的學者們構成的哲學。

原來如此。

因此，經院哲學的字源就來自拉丁語的「schola」，意謂「學校」。

「School（學校）」這個詞也是源自拉丁語Schola。

SCHOLA 拉丁文　　SCHOOL 英文

經院哲學是中世紀的中心思想，也可以說就是中世紀的哲學。

從九世紀到十五世紀是經院哲學的時代。

教父哲學和經院哲學都是以信仰為根本。

經院哲學
聖湯馬斯·阿奎納

錯了！！

你們跟我們是一樣的。

但是經院哲學主張可以用理性證明神的存在，這點與教父哲學不同。

我們是合理有邏輯的！

聖湯馬斯·阿奎納出生於義大利那不勒斯近郊的羅卡塞卡，是貴族的兒子。

他年輕時曾在修道院學習，後來成為道明會的代表學者，還擔任過巴黎大學的神學教授。

成立於西元1215年的巴黎大學是法國歷史最悠久的大學。

他身材很高，但話不多，有「啞牛」的外號。

嗯，兩個好像有點像。

哼！

他一生都帶著「神是什麼？」、「神是什麼存在？」的疑問埋頭研究學問。

如何才能理性地說明神的存在？

但是他的哲學與亞里斯多德的哲學有著深刻的聯繫。

沒錯，做得很好。

…

亞里斯多德　　聖湯馬斯·阿奎納

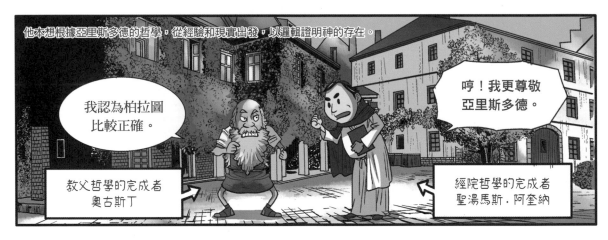

他本想根據亞里斯多德的哲學，從經驗和現實出發，以邏輯證明神的存在。

我認為柏拉圖比較正確。

哼！我更尊敬亞里斯多德。

教父哲學的完成者奧古斯丁

經院哲學的完成者聖湯馬斯·阿奎納

對於中世紀哲學家們來說，信仰和理性的問題總是引發爭論。

哲學沒什麼用，信仰才是最重要。

信仰當然重要，但是不能無視哲學。

聖湯馬斯·阿奎納主張，神學和哲學互有區別但並不矛盾。

我們雖然不同，但是可以相處得很好。

呃！

※咚咚

強調信仰和理性是互有不足且互補的作用。

經院哲學的核心就是「信仰和理性的調和」。

信仰（神學）

理性（哲學）

他說，所謂完全的知識就是認識神的知識，擁有這樣的知識就是實現人類最大幸福的方法。

「人類的最終目的是幸福」這句話是誰說的？

亞里斯多德！

沒錯！

未失去對神的敬畏之心，同時想用理性、哲學的方法說明神的存在。

他只從事研究和撰述，同時在大學講課，度過了五十年的短暫人生後離開了人世。

怎麼會過世呢？

去里昂參加宗教會議時在路上得了病，就離開了……。

在世時被稱為「像天使一樣的學者」，去世五十年後被推舉為聖人。

啪噠

啪噠

他留下了《神學大全》等許多著作，他的哲學成為天主教會公認的哲學。

如果是聖職者，就應該學習聖湯馬斯·阿奎納的哲學。

是啊，他是天主教教會認可的哲學家，當然應該向他學習。

2. 近代的哲學
再次回到人類的時代！

神的時代延續了一千年之後逐漸結束，人類再次站上世界的中心。

近代的大門敞開，近代哲學以文藝復興運動、經院哲學的崩潰、宗教改革、自然科學的發展為基礎綻放，其中扮演最重要角色的就是科學。哥白尼的「地動說」徹底動搖了教會權威，在人們的思考中引發了地殼變動。此後，伽利略、開普勒、牛頓等科學家取得的成果，打破了人們對神與教會的無條件信任。以科學考察為基礎，哲學的關注點從天上變成了地上。哲學家們透過自由的思維，熱情探索世界的真理，近代哲學主宰的潮流可以說是強調理性的哲學。

笛卡爾

史賓諾沙

洛克

休謨

盧梭

康德

黑格爾

近代哲學萌芽於十四～十六世紀的文藝復興時代，十七～十八世紀正式開始，一直延續到十九世紀。

神的時代已經過去了，現在是人類的時代！終於解放了。

啊啊……唉呀！

十七～十八世紀的哲學是唯理論與經驗論相互對立。唯理論哲學家們相信人類的理性，認為透過理性可以認識真理。

來一決勝負吧！

好，我們應戰。

笛卡爾、史賓諾沙、萊布尼茲 ←→ 洛克、柏克萊、休謨

唯理論者　　　經驗論者

經驗論哲學家主張一切知識都是從經驗和觀察中得來的，不承認從經驗上無法證明的邏輯或推理。

唯理論者　　　經驗論者

近代哲學的另一大趨勢是以德國為中心展開的觀念論哲學家。康德、費希特、謝林、黑格爾就是典型的代表人物。

康德　　費希特　　謝林　　黑格爾

22 關於政治與道德

馬基維利在文藝復興時期出生在義大利佛羅倫斯的法律家族。

當時佛羅倫斯的達文西、米開朗基羅等天才嶄露頭角，開啟人類文明新頁。

〈大衛像〉米開朗基羅　〈蒙娜麗莎〉達文西

在混亂的佛羅倫斯共和國擔任官職的馬基維利，曾因政治陰謀被關進監獄。

他自從丟掉官職以後，就致力於讀書寫作，特別深入研究政治思想。

《君王論》
是我在政治哲學的
代表性書籍。

君王論

馬基維利 著

他認為群眾是愚妄的、變幻莫測的，不可指望具有道德和自律。

人絕對不是善良的，
本質上就是惡、自私，
是表裡不一的矛盾生物！

※叭叭！　　　　　　　　　　　　※友利幼稚園

所以主張君主要用強大的力量來統治群眾。

要想守護權力，
就需要狐狸般的計謀
和獅子般的力量。

「馬基維利主義」也被用來指為了實現目的不擇手段和方法的意思。

我贊成
馬基維利主義！

獨裁者 希特勒

他認為政治和道德是各自獨立的領域，所以不要用道德尺度衡量政治。

馬基維利主義
是為了把他打造成
陰險卑鄙的人
而造的詞。

並不是說在政治上可以使用各種非道德手段。

他不拘泥於
舊道德
或宗教，

只是主張
需要強而有力的
統治者。

雖然他被很多人指責邪惡、冷酷，但他是建立近代政治學基礎的哲學家。

我認為
馬基維利是在
諷刺暴君政治。

史賓諾沙

23 知識就是力量

英國經驗論哲學之父
培根（1561～1626）

在西方文明史上，僅次於基督教出現的重要大事就是近代的科學革命。

科學革命隊終於開始進攻了。

經院哲學隊遇到危機了！

※近代科學

※近代科學

被稱為英國經驗論哲學先驅的法蘭西斯‧培根對近代科學革命做出了重要貢獻。

咦？培根又不是科學家，怎麼會呢？

因為我提出新的科學方法論。

他出生於英國倫敦，曾以政治家和法學家的身分活動，並擔任過大法官。

這樣看起來還真是了不起。

他強調自然科學知識的力量，努力在學問上提出新的科學方法論。

我在這所大學學的是經院哲學。

哼。

毫無用處。

聽過「知識就是力量」吧？這句話就是培根的名言。

這句話的意思是人類透過探索自然獲得的知識來控制自然。

宣誓！我培根了解並支配自然，努力提高人類的生活水準！

學術的進展

法蘭西斯‧培根

為了發現自然的原理，他主張在科學的海洋航行，指南針是不可少的。

要有指南針才不會迷航。

在這裡所說的指南針就是去掉學術偏見，使用歸納法的方法論。

偶像　偏見　權威　自滿

特別是他的歸納法是透過實驗和觀察找到共同點，發現一般原理的方法，成為經驗論的基礎。

「歸納法 例一」

蘇格拉底死了
↓
康德死了
↓
尼采也死了
↓
因此人是會死的

「歸納法 例二」

A 看到的天鵝是白色的
↓
B 看到的天鵝是白色的
↓
C 看到的天鵝是白色的
↓
所有天鵝都是白色的

雖然他沒有留下任何科學成就，但對十七世紀以後的科學與哲學產生很大的影響。

後輩們，一定要實現我所夢想的科學進步。

24 所有人對所有人的戰爭

擁護絕對君主制
霍布斯 （1588～1679）

霍布斯出生於英格蘭威爾特郡的馬姆斯伯里，在牛津大學學習經院哲學。

他青年時期在歐洲各地旅行，與天文學家伽利略和哲學家伽桑狄等人交流。

哼！反正地球就是圓的！

嗯？那不是伽利略嗎？

종교재판소

※宗教裁判所

對他們有高度評價的霍布斯，試圖將自然科學的研究方法運用到人類行為和社會政治研究中。

地球是圓的我也是圓的！

伽利略真是太了不起了。

霍布斯認為人類因為生存本能，在本性上是自私的。

給我一個就好。

走開！

不行！我自己都不夠吃了！

他有一句名言「萬人對萬人的戰爭」便是基於這種想法。

咦？萬人的戰爭是什麼意思？

哈哈，意思是所有人與所有人的鬥爭啊。

霍布斯主張，人類以自私自利招來的憎惡和不信任、無情的鬥爭，來守護生命與和平。

來啊！你過來啊！

因為自私心理而聚集在一起，那麼人們就會把彼此當成是敵人。

為此，必須根據社會契約建立強有力的國家，也就是要建立絕對君主統治的國家。

委任狀

所有人民為了能平和、安全地生存，把我們的權利委任予絕對君主統治的強大國家。

—全體人民

也就是說，擁有強大統治權的絕對君主保護人民，代價是人民必須服從君主。

我就是王！你們所有人都要服從我！

哎呀！好可怕！

我們不要打了。

霍布斯對國家的這種想法在《利維坦》一書中記載。

霍布斯在63歲時發表的《利維坦》一書封面。

利維坦是《舊約聖經》、《約伯記》裡出現的地表最強的水不生物。霍布斯把國家比喻成這個假想生物。

意即絕對國家和地表最強的利維坦是一樣的！

25 我思故我在

近代哲學之父
笛卡爾（1596～1650）

近代哲學萌芽於十四～十五世紀的文藝復興，於十七～十八世紀正式展開。

十四～十五世紀的文藝復興	十七～十八世紀

支撐近代哲學的兩大支柱，就是歐洲大陸的唯理論和英國的經驗論。

近代哲學

唯理論　　經驗論

在法國、荷蘭、德國等地發展起來的唯理論信賴人類的理性，重視演繹方法論。

我們是唯理論三劍客！

笛卡爾	史賓諾沙	萊布尼茲

以英國為中心形成的經驗論，是以所有學問為基礎，重視歸納方法論。

我們是經驗論三兄弟！

洛克	柏克萊	休謨

那我們先來看看被稱為近代哲學之父的唯理論代表人物笛卡爾吧。

第一棒打者笛卡爾，是位怎樣的選手？

是的，這位選手打下了近代思想的基礎，被稱為近代哲學之父。

笛卡爾出生於法國安德爾－羅亞爾省的圖賴訥拉海的法官貴族家族。

他出生一年就失去了母親，從小體弱多病，經常躺在床上思考度過時間。

不好意思，現在已經早上十點了。

晚起是我的習慣。

他10歲開始在耶穌會寄宿學校生活，20歲左右進入大學學習。

你學了什麼？

拉丁語、哲學、神學、數學、法學、歷史、文學、邏輯學還有……

啊，別說了！我光聽頭都痛了。

在眾多的學問中，他最喜歡的是數學。因為笛卡爾特喜歡確實的東西。

我不喜歡不明不白的東西。

我喜歡像數學一樣明確。數學，我愛你。

笛卡爾利用數學書中經常出現的x軸和y軸樹立座標的概念。

哇！原來這就是笛卡爾想出來的啊。

我討厭笛卡爾！

據說是他躺在床上，看到天花板上的蒼蠅而想出座標的概念。

有辦法可以準確表示那隻蒼蠅的位置嗎？

對了！利用天花板上的橫線和縱線就行了。

這樣，笛卡爾不僅在哲學上，而且在數學上也留下了許多成果。

那位就是解析幾何學的創始人笛卡爾。

那是什麼？

這個嘛，其實……我也不太清楚。嘿嘿。

32歲時，笛卡爾來到學術氛圍比法國更自由的荷蘭，埋首於學問中。

為了學問的自由，去荷蘭！

他減少了與人見面並保持充足的睡眠，只專注在思考和寫作，就這樣度過人生大部分的時間。

笛卡爾又要搬家了？

人們總是來找我，對我造成妨礙。

哎呀，這樣幾乎每年都要搬一次家耶！

正如前面所說，笛卡爾只承認確實的事物，非常執著於尋找確切的真理。

明快　確實　完美　明確　真理　那個

他主張為了找出確實的事物，必須懷疑所有的一切。

笛卡爾先生的座右銘是什麼？最常說的話是什麼？

懷疑、懷疑、再懷疑。

或許、說不定、莫非、真的嗎、奇怪了……等。

他認為仔細尋找並一一消除疑點，最後就會留下明確的真理。

像我這樣為了發現明確的真理而懷疑就叫做「方法的懷疑」。

不是開會討論懷疑的方法，而是懷疑的意思。

會議中

他甚至懷疑我們活著並非現實，說不定是夢境。

做夢的時候不知道那是夢。

對啊，昨天我夢到自己變成小狗和你一起玩了，好像真的。

我們談論的現在這一瞬間，說不定就是夢吧。

他也懷疑過大家覺得理所當然的數學公式，例如 $1+1=2$。

說不定 $1+1$ 是 0，是惡魔讓我們相信是 2。

嘿嘿嘿嘿

但是笛卡爾也有絕對無法懷疑的事。

懷疑0%，確信100% ＝ ?

那就是自己「正在懷疑」，即「正在思考」這件事是不容懷疑的。

尤里卡！

喂，那是我說的話啊。

「尤里卡」是希臘文中表達「發現了」的意思，是數學家阿基米德發現了浮力的原理後喊出的單詞。

「我思，故我在」，笛卡爾的名言就這樣誕生了。

我思，故我在

※登登

近代哲學的出發點在「從神獨立出來自行思考」。

世界與神無關，只是按照世界的法則運轉。

笛卡爾雖然沒有否認神的存在，但認為神不會直接介入這個世界。

我只是看看下面發生了什麼事。

這世界與你沒有關係，請回去吧！

他還認為與神分離的世界重新被分成精神世界和物質世界。

神的世界

精神世界　　　　物質世界

就是分成這樣。

他認為探索精神的哲學和探索物質的科學也區分得十分徹底。

哲學

科學

笛卡爾生活的時代，教會依然擁有強大的力量，因此他的思想受到了神學權威的威脅和攻擊。

竟敢向我們的傳統學問下戰書！

他是個危險的人，想法不恰當。

看到伽利略因主張地球是圓的而在宗教審判中被判有罪，他害怕與教會發生衝突。

我在發抖嗎？

他燒毀自己的書，並以匿名方式發表了《談談方法》等書。

笛卡爾的代表作《談談方法》

他的哲學思想始於「世上所有人都公平分配到的東西就是理性」。

所有人都是平等的，因為每個人都具有同樣的理性。

哇！好棒啊！笛卡爾！

他打破了長久以來以神為中心的傳統和權威之牆，發射出近代哲學的信號彈。

近代哲學

※砰砰砰

笛卡爾應瑞典女王克里斯蒂娜的邀請，前往當地擔任哲學教師，但那裡天氣寒冷，對他來說簡直就是毒藥。

瑞典的克里斯蒂娜女王和笛卡爾（右）

他得從淩晨五點開始教書，睡眠不足。最後得了肺炎，55歲就離開了人世。

大家再見！我本來身體就弱，看來是太勉強了。

磨鏡片的孤獨哲學家
史賓諾沙 （1632～1677）

26 呼喊自由的哲學

繼笛卡爾之後登場的另一位唯理論哲學家是史賓諾沙。

「即使明天地球滅亡，今天也要種一棵蘋果樹」，是您說的吧？

不是，這話不是我說的，是宗教改革者馬丁‧路德說的。

史賓諾沙出生於荷蘭阿姆斯特丹，是一個富有且具影響力的猶太裔商人之子。

他8歲開始進入猶太人學校學習猶太教的經傳和希伯來語，並向父親學習做生意。

不錯，挺機靈的。

將來會成為猶太社會的大人物。

20多歲以後，他接觸了哥白尼的天文學、笛卡爾的哲學等，學習新的學問和思想。

哇！是新世界啊！

范登恩登學校

於是他對猶太人的信仰產生懷疑，並指出《舊約聖經》中的一些問題。

天使存在於現實中嗎？

靈魂是不滅的嗎？

神是沒有肉體的？

對此，驚慌失措的人們用金錢誘惑史賓諾沙，甚至威脅要殺死史賓諾沙。

得讓他改變想法才行。

結果猶太社會以史賓諾沙褻瀆了神為由將他逐出，當時他只有23歲。

什麼！要趕我出去？

趕走史賓諾沙

你褻瀆了神，所以被逐出了，現在立刻就走！！

猶太教會發出各種咒罵，將史賓諾沙趕出猶太社會。

神啊！讓史賓諾沙毀滅吧！

不管他睡著還是清醒，都要受到詛咒！

誰也別靠近史賓諾沙，別跟他住在一個屋簷下！

被自己生活過的社會徹底拋棄和排斥的史賓諾沙最終變成孤獨一人。

驅逐

他一輩子靠磨鏡片維生，沒有結婚，獨自孤獨地生活。

磨鏡片工作室

史賓諾沙不只被猶太社會拒絕，教會和權力者們也把他當作眼中釘。

真是看不順眼。

咦！那些人又怎麼了？

他在《神學政治論》一書中表示教會不宜干涉國家。

這些是我的代表著作。

倫理學　神學政治論　笛卡爾哲學原理

他主張國家應保障公民的宗教、政治自由，因此同時得罪了教會和國家。

據說印刷或傳播這本書的人將受到嚴懲。

誰說的？

神學政治論　禁書　禁書

荷蘭總督！

在史賓諾沙的哲學中，最值得關注的是他主張「神即自然」。

God

嗯？不是我嗎？

他是泛神論者，認為世界上存在的一切，包括自然、精神、物質，全都是神。

信仰泛神啊。

泛神不是名字，而是「神並不單獨存在，而是棲息在萬物之中」的意思。

結果他因為否定了基督教中唯一的神，被批是「無神論者」和「惡魔思想家」。

惡魔

你否認我們的造世主上帝……。

史賓諾沙是惡魔！

SATAN

不只如此，有人說他把世上的一切都看成神，所以也叫他「瘋子」。

無神論者！

瘋子！

知道了，耳朵都要長繭了。

史賓諾沙認為，對我們來說發生的一切都是神，強調一切都是根據自然法則決定好的。

即使發生地震全家都死了，那也是自然的法則，就是命運啊。

所以只要將身心託付於自然規律，就可以得到自由。

雖然他樹敵無數，但同時也享有很高的聲譽。不過他拒絕了海德堡大學的聘請，一生都是孤獨的哲學家。

請到我們學校來。

不要，我不希望我的精神自由受到妨礙。

他因為長期磨鏡片產生的粉塵而得了肺病，在44歲就離開了人世。

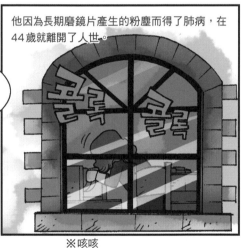

※咳咳

他的一生受到很多人批評和稱讚，但他毫不動搖，只是默默地堅持自己的哲學。

不管誰說什麼，我都會走我的路。

後世對他自由完整的哲學家人生予以高度評價和尊敬。

如果想成為哲學家，就要先向史賓諾沙學習！

我崇拜史賓諾沙！

是我們哲學家的救世主啊。

黑格爾

歌德

德勒茲

27 以單子解釋世界

精通各領域的萬能天才
萊布尼茲 (1646～1716)

亞里斯多德、達文西、還有萊布尼茲的共同點是什麼呢？答案是他們都是超級天才。

我們的觸角伸向許多領域，有點像章魚吧？呵呵！

亞里斯多德

達文西

萊布尼茲

你走開啦！

那麼我也可以加入嗎？

現在開始要介紹的萊布尼茲是哲學家、數學家、神學家、法學家、物理學家、地質學家、語言學家、歷史家、外交官。

請自我介紹……。

得意

呃…

萊布尼茲出生於德國萊比錫，是道德哲學教授的兒子。

萊布尼茲

他從8歲開始自學拉丁語，15歲進入萊比錫大學，展現天才的資質。

萊比錫大學

對世界充滿好奇心的他在21歲時被提名擔任教授，但他拒絕了，反而奔向廣闊的世界。

這是我的名片。

外交官、宮廷顧問、圖書館館長、法官、柏林科學院院長……呃，你到底是什麼人啊？

他主張根據神的法則建立的世界是「最好的世界」。

啊，真是美麗和諧的世界啊！

他主張世界由完整獨立、不可再分割的「單子」組成。

單子和原子有什麼不一樣？

原子是物質，而單子是精神，所以不同。

神會事先設計好，準確、和諧地移動單子。這叫做「預定和諧說」。

按照我的設計行動。

God

精通各領域的的萬能天才萊布尼茲，發現了用0和1來表現數字的二進制和數學的微積分法。

哇！這個遊戲真好玩，哈哈哈！

現在你能玩電腦遊戲也是托我的福，電腦語言就是二進制。

另外，他還以卓越的科學想像力和創意設計了計算機、潛水艇、風車、水壓機等。

潛艇也是我想出來的！

28 所有知識來自於經驗

洛克（1632～1704）

現在輪到介紹近代哲學的另一大支柱——主張經驗論的哲學家們。

輪到我們了。
一起加油吧！

加油

洛克　　　柏克萊　　　休謨

經驗論是主張「所有的知識和觀念都是透過經驗獲得」的哲學。

近代經驗論者的主要舞臺是十七～十八世紀的英國。

播下經驗論的種子，建立基礎的人就是洛克。

洛克出生在英國薩默塞特一個名叫威靈頓的小村莊，是律師的兒子。

他在牛津大學基督堂學院學習古典學和邏輯學，但他對實驗哲學和醫學更有興趣。

學習經院哲學如何？

經院哲學

我對那個沒興趣。

而且他一度沉迷於笛卡爾哲學，研究醫學並取得了醫師執照。

難道是庸醫？

呃

他後來成為英國政界一位很重要的伯爵的主治醫生，從此與政治結下了不解之緣。

政治與哲學討論會

洛克真是太了不起了，我應該贊助他鑽研政治和學問。

沙夫堡伯里伯爵

洛克所居住的英國，正值擁護王權的保王派和要求革新的議會派激烈對立的時候。

王過分行使權力，就會發生不幸的事情。

王權是上帝的禮物，要對國王效忠！

議會派
（輝格黨）

保王派
（托利黨）

當時洛克透過《論寬容》、《政府論》等著作，主張政治自由主義、政治和宗教分離。

論寬容

政府論

他認為人類在一開始都是平等的，每個人都能自由思考、自由行動。

但是因為恐懼發生爭吵、陷入混亂之中，所以建立了國家以管理一切。

這好像在哪裡聽過……。

前面的內容說過了，不記得嗎？

也就是說，透過簽訂將人民權利交給國家的合約，來阻止混亂、維護和平。

合約書

今後要好好保護我們的和平與安全。知道嗎？

但是洛克認為人們是將權利託付給國家，並不是給予國家。

不是託付，要直接給嗎？

不是給予，是委託啦！

洛克

霍布斯

因此，他主張如果統治者利用權力壓迫和剝削人民，那麼統治者就應該被趕走。

你說要保護我們的生命和自由、財產安全，卻反而欺壓我們？

我要拿回託付的權利，把位子讓出來！

為現今的政治、思想、宗教自由構築框架的人就是洛克，他也被稱為自由主義之父。

哇！洛克先生！

請簽名……。

他的政治哲學不僅影響了英國的光榮革命，還影響後來的美國獨立革命和法國革命。

光榮革命？有那種革命嗎？

當然了，那是1688年在英國發生的市民革命，驅逐了長期暴政的詹姆斯二世。

洛克不僅奠定了西方民主主義的基礎，還奠定了西方哲學史中經驗論的基礎。

哎唷，洛克先生真是辛苦了！

唯理論

哪裡，笛卡爾先生也辛苦了。

經驗論

笛卡爾　洛克

正如前面所說，經驗論主張「人類的所有知識都是從經驗中獲得」。

學校　市場　公司

人類出生時都是一無所知，所有的知識都來自經驗！

出生的時候，人的心和精神就像是一張白紙，但透過經驗可以獲得觀念和知識。

我的腦袋像這張白紙一樣空空的。

嘖嘖，自己也知道啊。

比起邏輯和理性，洛克更重視經驗和常識，他的這種想法被寫進《人類理解論》一書中。

人類理解論

這本書足足寫了二十年！

洛克在政治和宗教矛盾等混亂的時代裡過著動盪的生活。

曾經因為政治原因在荷蘭過著逃亡生活。

最後他留給世人「不要毫無思考就跟隨權威、社會習慣、傳統，人要能自由思考和行動」的精神遺產。

洛克是世界上最偉大的三位人物之一。

《美國獨立宣言》起草者湯馬斯·傑佛遜

29 只有看得見的東西

經驗論哲學家，聖職人員
柏克萊 (1685～1753)

繼洛克之後又一位經驗論哲學家柏克萊出生在愛爾蘭一個叫基爾肯尼的地方。

他在20多歲的時候就已經是著名的哲學家了，代表他哲學思想的著作大多在20多歲的時候出版。

啊！那個人就是著名的哲學家柏克萊。

什麼，還是個孩子吧？作為哲學家是不是太年輕了？

35歲左右成為聖職人員的他，前往美國進行傳教活動，並打算設立一個訓練聖職人員的學校。

聽說過美國加州的柏克萊吧？就是以我的名字來命名的。

但是這計畫落空，後來他回到英國，被任命為愛爾蘭克洛因鎮的主教。

柏克萊的哲學主張可以概括為「只有看得見的東西存在，看不見的不存在」。

桌子存在，還是桌子不存在。

他到底在說什麼啊？

他還說事物存在是因為有「我」和我的「精神（意識）」。

所謂「知覺」是指透過感覺器官獲得信息的過程。

用比較艱澀的話來說就是「存在是被感知的」。

※啊？

換句話說，就是主張用我們的感覺，即視覺、聽覺、嗅覺、觸覺、味覺無法感知的東西即不存在。

好睏啊。如果老師不在就可以睡覺了……。

有什麼問題，閉上眼睛，那麼老師就會消失了。

這種想法當然不合常理，因為眼睛看不見並不代表就不存在。

他好奇怪。就算我閉上眼睛也不代表老師不在啊。

什麼嘛！好不容易想到才說的！

那柏克萊又是如何解釋這個問題的呢？他試圖透過帶入神來解決問題。

現在看不到師母了，那麼師母就不存在了嗎？

不，全能的神在看著她，所以她是存在的。

即使我沒看到樹，但神持續看著那棵樹，所以樹是存在的。

因為神一直看著所以存在……。

30 以經驗為基礎，懷疑再懷疑

休謨（1711～1776）

英國的經驗論三人組中，對後世哲學影響最大的人物是休謨。

休謨先生，謝謝。托您的福，我從獨斷的沉睡中醒了過來。

德國哲學家康德

真是太好了，哈哈哈！

休謨出生於英國蘇格蘭一個美麗的城市，名叫愛丁堡。

他從小就喜歡文學、歷史和哲學，12歲時進入愛丁堡大學。

來玩玩具吧！

不要，我要跟書玩。

家裡希望他成為法學家，但休謨對法學不感興趣。

成為法學家可以賺很多錢，還可以得到人們的肯定啊。而且……。

啊啊啊…。又開始碎唸。

最終患上了憂鬱症的休謨放棄了法學，回到家裡埋頭思考。

在田野上騎馬會好些的。

醫生，我的病只有讀哲學才能治癒。

他為了生活，曾經在糖商會短暫工作過，最後為了完成哲學家的夢想去了法國。

糖商會

馬上就辭職了那為什麼還要來工作？哼！快撒鹽。

社長！那是糖啊。

他在法國停留的三年期間寫作，回到英國後出版了《人性論》。

我從23歲開始寫，29歲出版。很酷吧。

人性論

他認為人類要知道智慧具有什麼樣的能力、要知道界限在哪裡。

你在做什麼？

我在調查分析人類智慧能知道的事和無法知道的事。

接著他主張不要糾結於超越人類智慧，也就是無法用智慧解決的問題。

別弄虛作假！不要做沒有根據的推理，讓我們把全部精力都集中在可以知道的事情上吧！

他打破了哲學長期以來沒有根據的偏執信念、主張和獨斷。

砰

砰

※鏘！

只基於相信的原則

沒有根據的主張

透過思維和直覺推理

我要粉碎它們！

他主張只有透過經驗和觀察才能獲得正確的知識，並徹底懷疑沒有經驗證明的東西。

他批判了大部分經驗論哲學家或科學家經常使用的歸納法。

歸納法

1是A
↓
2是A
↓
3是A
……
99999是A
↓
所以100000是A

歸納法是藉由觀察到的事實來推測未觀察到的情況。

我們就舉經常用來說明歸納法錯誤的火雞故事為例吧。

你叫我嗎？

※嚇！

村裡的農夫在餵火雞吃飯之前，總是會先敲鐘。

※噹噹噹

就這樣持續了三個月，火雞知道只要聽到主人敲鐘，就是有飯吃了。

啊呀，鐘響了，該吃飯了。

※噹噹噹噹噹

但是有一天聽到鐘聲就跑去的火雞卻被主人砍斷了脖子。那天正是聖誕夜。

平安夜～聖善夜～

※聖誕快樂！

他主張歸納法是依賴人類心裡所形成的習慣而產生的錯誤研究方法。

太陽從東邊出來西邊落下是真理。

誰知道呢？也許明天太陽會從西邊出來東邊落下。明天還沒到啊。

休謨還反駁了事出必有因的因果關係。

吃過飯肚子就飽了。飯是原因，肚子是結果。

能確定的只有「吃過飯」和「肚子飽」，從這兩者之間無法得知因果關係啊。

休謨在20多歲的時候就已經建立了自己的哲學，他想成為大學教授，但是因為被視無神論者，所以沒能實現這個夢想。

愛丁堡大學

格拉斯哥大學

之後他擔任家庭教師、將軍的祕書等工作，直到40歲成為圖書館員後才逐漸穩定下來。

現在總算是活得像樣點了。

當時他寫了一本名為《英國史》的歷史書，非常出名，53歲時被派到法國當外交官，備受尊敬。

在休謨死後約一百年間，這本書仍然暢銷，是一部具權威性的歷史書。

英國史

雖然生前他史學家的身分比哲學家更廣為人知，但他的哲學和著作仍為後代的哲學家造成很大的影響。

康德

叔本華

盧梭

31 回歸自然

盧梭 （1712～1778）

法國十八世紀颳起了一股反抗舊宗教、政治、思想的變革之風，而中心就是啟蒙主義。

> 風啊！求求你把那些破東西都帶走吧！

啟蒙主義就是要用理性的光芒喚醒無力而屈服於舊時代權威的無知和愚蠢，實現進步的思想。

> 哇，突然變亮了？

十七世紀的洛克、十八世紀的休謨、孟德斯鳩、伏爾泰、狄德羅、盧梭等都是啟蒙主義的代表性知識分子。

> 我說過把國家的權力為司法、立法、行政。

> 我攻擊了不平等、腐敗的法國政治和宗教。

孟德斯鳩　　　　伏爾泰

其中一位既是啟蒙主義哲學家，卻也是最尖銳批判啟蒙主義的人就是盧梭。

啟蒙主義

盧梭出生在瑞士的日內瓦，是鐘錶修理工的兒子。媽媽過世得早，家境貧困。

他16歲就背井離鄉開始流浪，因此有位詩人曾說「他有80%是靠風養大的」。

盧梭是波希米亞人～
將他養大的是風～

他10歲時父親離家出走，他到法院幫忙跑腿，還當過鐘錶技術員的助手，生活非常艱難。

啊，好累，只有看書是我唯一的樂趣。

後來，他先後做過雕刻學徒、土地調查助理、貴族家庭的傭人、音樂家教、抄樂譜等很多工作。

在盧梭旁邊的女人是誰？

她是華倫夫人，近15年的期間給了盧梭很多幫助。

在30歲時，為了展現音樂才能，他前往巴黎並見到了狄德羅等知識分子。

你好，我是狄德羅。

我是想成為音樂家的盧梭。

他與伏爾泰、孟德斯鳩等啟蒙思想家一起參與狄德羅的《百科全書》的編纂工作。

百科全書

《百科全書》是西方近代最早的一部百科全書。蘊含啟蒙主義者的進步思想。

沒有老師、沒有受過良好教育，獨自學習的盧梭，從35歲開始展露自己的哲學思想。

好，慢慢發動起跑吧！

他認為人類在自然狀態下自由平等，但自從有了社會和文明，就失去了自由，變得不平等。

給我自由吧！

社會

文明

從原本為全人類所有的土地，開始出現個人私有的現象後，就產生了不平等。

這是我的土地，是我的財產。

噴噴，從那時起，就出現富翁和窮人、主人和奴隸、統治者和被統治者的分別。

他還認為學問和藝術導致懶惰、奢侈、無節制，使人道德墮落。

古代雅典和羅馬帝國都是因為文明帶來的不道德而墮落。

所以盧梭呼籲，人類要回到文明以前的狀態，即自然的樸素和純粹。

我要回到自然！

盧梭如此不相信理性與文明並加以批判，這一點與其他啟蒙主義思想家很不同。

回到自然？你要改用腳爬行嗎？

啟蒙主義的知識分子伏爾泰

為什麼要曲解我的意思呢？

盧梭的家

他透過《愛彌兒》一書，要求孩子們根據自然的本性，透過經驗自我學習。

但是聽說盧梭5個孩子都送到孤兒院了？

所以他才懷著反省錯誤的心情寫下了《愛彌兒》這本書。

透過《社會契約論》批判絕對王權，強調人民的意願必須成為國家的基礎。

因法國革命被處決的路易十六

就是盧梭和伏爾泰這兩個傢伙摧毀了我的王國！

他既是寫歌劇的音樂家，也是盡情表達人類感情的浪漫主義先驅小說家。

鄉村中的占卜師

嗯～

這是盧梭創作的歌劇吧？

盧梭的戀愛小說那麼有意思啊？

是啊！

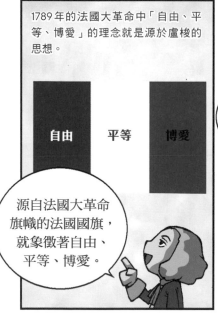

1789年的法國大革命中「自由、平等、博愛」的理念就是源於盧梭的思想。

自由　平等　博愛

源自法國大革命旗幟的法國國旗，就象徵著自由、平等、博愛。

他因自己寫的書而過著逃亡生活，雖然度過了憂鬱的晚年，但在他死後不久便獲得了極高的名譽。

我是孤獨的人，這是我最後的一本書吧。

一個孤獨散步者的遐想

盧梭著

他身為革命理論之父備受尊敬，後來遺體被運到埋葬法國革命英雄們的先賢祠長眠。

盧梭墓地所在的法國巴黎國家陵墓先賢祠

哲學界的哥白尼

康德 (1724～1804)

32 | 我們能知道什麼？該做什麼？

因對啟蒙主義的懷疑使得浪漫主義思想萌芽。而讓啟蒙主義之花盛開的哲學家就是康德。

挑戰書

我厭倦了只強調理性的啟蒙主義。
感性、個性、想像力更重要，
所以現在退下吧！

－ 浪漫主義者 一同 －

哼，這是什麼呀。
我們還有康德呢。

康德出生於德國柯尼斯堡（現在的俄羅斯加里寧格勒），家裡是做馬鞍的。

康德直到80歲去世為止，從未離開過柯尼斯堡。

康德是井底之蛙？

什麼話啊！
他看了很多書，
比別的探險家更
了解世界。

他小時候在支持路德教會改革的牧師經營的學校裡學習，但是他不喜歡那裡的課程。

成為善良
有禮貌的
孩子吧。

他在柯尼斯堡大學學習，度過長期的講師生涯，直到46歲終於如願以償地成為哲學教授。

耶！終於成為哲學教授了，真的等好久啊。

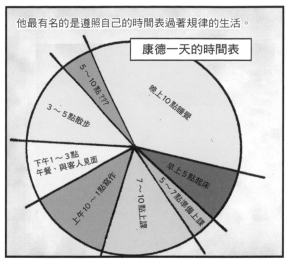

他最有名的是遵照自己的時間表過著規律的生活。

康德一天的時間表

晚上10點睡覺
早上5點起床
5～7點準備上課
7～10點上課
上午10～1點寫作
下午1～3點午餐、與客人見面
3～5點散步
5～10點???

讀一遍盧梭的書，再看一遍與法國大革命有關的報導，除了一次意外，他從未違反過日程表。

喔，康德在散步呢。

是嗎？那現在應該是3點30分左右吧。該對錶了。

不要以為他的生活枯燥的乏味。他可是比誰都喜歡社交生活，而且很樂在其中。

作為妝點啟蒙主義時代最後時刻的哲學家，康德挖掘出理性是如何運作，以及界限到底在哪裡。

超過八百頁，而且內容太難了，還以為要瘋了呢！

讀過我的書了吧？怎麼樣？

57歲時出版的《純粹理性批判》

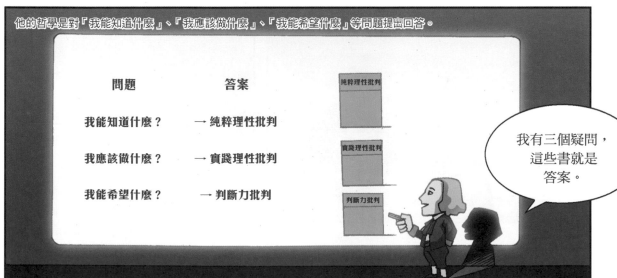

他的哲學是對「我能知道什麼」、「我應該做什麼」、「我能希望什麼」等問題提出回答。

問題	答案
我能知道什麼？	→ 純粹理性批判
我應該做什麼？	→ 實踐理性批判
我能希望什麼？	→ 判斷力批判

我有三個疑問，這些書就是答案。

康德說，人類從出生開始就擁有認知的框架和經驗，可以透過兩者得到認知。

認知是什麼意思？

簡單來說就是「知道」的意思。

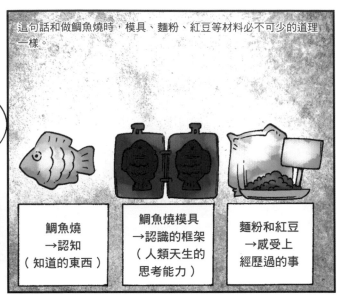

這句話和做鯛魚燒時，模具、麵粉、紅豆等材料必不可少的道理一樣。

鯛魚燒
→認知
（知道的東西）

鯛魚燒模具
→認識的框架
（人類天生的思考能力）

麵粉和紅豆
→感受上經歷過的事

換句話說，就是人類透過感性（感覺上經歷的東西）和悟性（思考的能力）認識世界。

紅，圓，酸。

所以這個是蘋果。

感性

悟性

更進一步來講，不是人類認識這個世界，而是我們的認知能力構成世界。

彩虹是藍色。

如果人類的認知眼鏡是藍色的，那麼不管世界原本是什麼顏色，全都會變成藍色。

康德曾將自己的這種洞察力評為「哥白尼式革命」。

和推翻天動說，主張地動說的你一樣，是非常突出的想法對吧？

你是哪位啊？

康德

哥白尼主張地球繞太陽運轉

因此康德得出結論，神和靈魂等問題在純粹理性（感性＋悟性）的界限之外。

數學和自然科學OK！但是神的存在、

靈魂不滅、人的自律性等問題無法透過理性了解

※咚咚咚

康德雖然超越了純粹理性的界限，但他認為對道德的探索在哲學上也很重要。

人類生活在自然規律支配的科學世界，同時也活在實踐道德的世界中。

做好事會上天堂，做壞事就會下地獄！

嗯……不是經由神，應該透過人的理性來解釋道德！

※噹

欸，烏龜啊！道德是什麼？

我也不曉得，但在人類世界裡是很重要的。

他強調人們追求道德的意志是另一種理性，也就是實踐理性。

我在這本書中有系統地探索了人類的道德意志。

實踐理性批判

道德法則本身就是善的，因此不管什麼條件或理由，都必須無條件服從。

※歌頌義務

의무여 너의 숭고하고 위대한 이름이여

所以我的倫理學被稱為義務倫理學。

西方近代哲學的偉大哲學家康德，在最後留下一句「很好」，於80歲時去世。

他的基碑上刻著「在我頭上是浩瀚的星空，在我心中是道德的法則」。

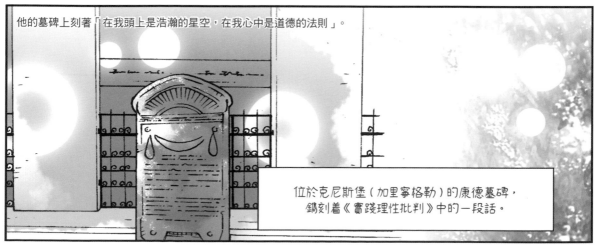

位於克尼斯堡（加里寧格勒）的康德基碑，鐫刻著《實踐理性批判》中的一段話。

33 我的主觀創造世界

強調「我」的哲學家
費希特（1762～1814）

費希特出生於德國薩克森州一個叫拉梅諾的城市，是一個貧窮職工的兒子。

曾在耶拿大學、萊比錫大學學習並擔任家庭教師的他，視康德哲學為生活的安慰。

> 啊，好難過。
> 沒有錢，也沒有希望。
> 但我一定要去見見
> 讓我深受感動的康德。

與康德見面後，費希特因為寫了一篇論文被誤會是康德寫的，經證實真相後而聲名大噪。

費希特讚
費希特紅了！

> 有一天睜開眼，
> 就發現自己
> 成了明星。

哇～

費希特我愛你

費希特了不起

他因此成為耶拿大學哲學教授，之後又擔任柏林大學哲學教授和首任校長。

> 那是費希特教授，
> 真的是個很熱情，
> 火辣性格的人啊。

> 也寫了很多論文和書。
> 他的課很受到歡迎。

拿破崙占領德國時，他在柏林發表的《對德意志民族的演講》非常有名。

德國國民，
應該端正道德，
透過國民教育
培養民族之魂！

哇，費希特的
演說真是
太棒了。

他是強調「自我」的哲學家。根據我的主觀，事物是存在的，進一步來說是主觀創造了事物。

費希特這樣的主張
稱為主觀觀念論。

觀念論的立場
認為抽象的想法
應該比物質優先。

強調我們不是為了認識而存在的，行動是命中註定的。

※實踐

我關心的是
人的行為和實踐，
也就是
道德哲學。

※道德

外部世界（自然）總是受到制約，但要屈服於它還是克服它，全靠自我。

兩個當中
選一個。

被外部世界的
影響所束縛。

擺脫外部
享受內在
自由。

他極力擁護人類自由，努力根據自己的哲學生活。

還留下「一個人選擇什麼樣的哲學，取決於他是一個什麼樣的人」這句名言。

帶著道德意志
行動和生活吧！

34　自然與精神是一致的

強調「自然」的哲學家

謝林 （1775～1854）

哲學家謝林出生於德國西南部一個叫萊昂伯格的城市，是牧師的兒子。

15歲時考入圖賓根大學，從小就具有學術才能，從十幾歲開始就對哲學產生了興趣。

18歲才能上大學……這孩子年紀太小了。

謝林是特例

在大學裡，謝林與黑格爾、賀德林一起展開了哲學討論，參與了政治集會，對法國大革命非常狂熱。

黑格爾、謝林、賀德林的房間

我們是有名的哲學家！

謝林　　賀德林　　黑格爾

我是浪漫主義詩人！

他不到20歲就出版哲學書籍，23歲那年被提拔成為耶拿大學哲學教授。

教授比我還年輕。

之後，在愛爾朗根大學、慕尼黑大學、柏林大學講課，並從事著述工作，就此度過了一生。

十九世紀慕尼黑大學

謝林年輕的時候視費希特為偶像，但隨著對自然科學的重視，他逐漸脫離費希特哲學。

謝林

我們要分手了嗎？

費希特

※嘎吱

費希特強調「自我」，而謝林則強調「自然」，專注於自然哲學。

哲學對談

大自然從屬於人類。

不是，包括人類在內的所有生命都是自然的創造物。

費希特　主持人　謝林

他主張雖然精神和自然看似對立，但其實精神和自然是同一的。

歡迎謝林老師
崇尚自然的浪漫主義藝術家

셀링。만세
※謝林 萬歲

詩人歌德　作曲家韋伯　詩人賀德林

精神和自然同一的本源是絕對，兩者從絕對分裂出來，各自走向不同的發展過程。

現在我和你走不同的路了。

自然　精神

絕對

但是不要忘了我們原本是同根同源的。

謝林晚年陷入神祕的神學世界，於79歲去世。

現在我要去神的身邊了。

35 變化的法則與歷史

完成宏大的哲學體系

黑格爾（1770～1831）

在美國宣布獨立、法國大革命、拿破崙戰爭等世界大事件發生時，德國出現了康德和費希特、謝林、黑格爾等人物。

噴，德國沒有可以發動人民革命的力量。

但我們還是要製造精神上的革命

喔，那是很好的想法。

康德　費希特　謝林　黑格爾

※哇　※哇哇

現在要介紹的哲學家，是被評為完成了從康德開始的德國觀念論哲學潮流的黑格爾。

黑格爾

謝林

自由式接力賽德國觀念論隊的最後一名選手是黑格爾。

康德　費希特

※謝林加油

黑格爾生在德國斯圖加特的基督教家庭中，是公務員的兒子。

害羞的少年黑格爾喜歡閱讀包括古希臘文獻在內的各種書籍。

為消遣看書也OK，認真看書也OK！

我的讀書領域

數學
氣象學
歷史學
通俗小說（有趣^^）
神學
哲學
美學
其他

他習慣從自己讀的書當中挑出重要內容整理到筆記本上。

這是很好的習慣，你們也試一試吧！

黑格爾從德國的中學畢業後，在18歲時進入了圖賓根大學神學院。

我們一起上學，是圖賓根大學的　　　三人組！

黑格爾
綽號老頭子，個性開朗直爽

謝林
比黑格爾小5歲的天才

賀德林
與黑格爾同年。
日後成為有名的抒情詩人

但他非常不喜歡學校嚴格的規則和陳腐的中世紀教育氛圍。

〈給圖賓根大學的學生〉

1.祈禱與共同用餐、講課都必須出席！

2.天黑就寢、拂曉前起床！

3.必須穿著端莊的白領黑禮服！

4.不准吸菸、跳舞，一點點葡萄酒也不可以喝！

5.違反規則需接受處罰，嚴重則送到學生監獄！

真是太過分了，這裡是學校還是修道院啊？

比起神學課程，他更喜歡哲學聚會，也很關心政治事件和現實問題。

法國大革命就像燦爛的日出，真令人感動，哇嗚！自由萬歲！盧梭萬歲！

大學畢業後，黑格爾長期擔任家庭教師、兼職講師、新聞編輯以及新教文理中學的校長。

您好，哲學家校長！

你好！

新教文理中學

他到40多歲才成為海德堡大學教授，接著又當上了柏林大學教授和校長。

海德堡大學

與很早就嶄露頭角的謝林不同，黑格爾長期以來都是默默無聞的哲學家。

謝林，恭喜你！

謝謝，呵呵！

黑格爾

真羨慕⋯⋯。

23歲成為教授的謝林

然而在他結束一生之際，成為代表德國知識界的人物，也是歐洲矚目的巨頭。

哇！他的名聲大到連生日會消息都能上報。

黑格爾56歲生日

學生與朋友們組成慶生籌備委員會。

他同意古希臘哲學家赫拉克利特的觀點，認為萬物會不斷變化。

沒忘記我吧？如果忘了我會討厭你。

古代哲學家赫拉克利特

主張萬物包括對立、矛盾的要素，直到矛盾得到解決之前需要不斷變化。

快變吧！

可是，到底要變到什麼時候？

咚鏘

鏘鏘

他將變化規律整理成三個階段，將其稱為辯證法或辯證過程。

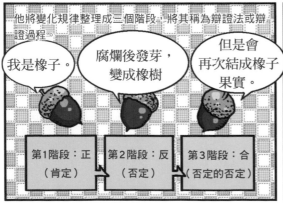

我是橡子。

腐爛後發芽，變成橡樹

但是會再次結成橡子果實。

第1階段：正（肯定）	第2階段：反（否定）	第3階段：合（否定的否定）

而且他認為世界歷史具有合理的結構，理解其結構的線索就是辯證法。

辯證法

變化隨著歷史力量的作用發生，總是朝更好的方向發展。

黑格爾

歷史總是在發展。

他的核心思想之一，就是一切只能在歷史的範疇內得到理解。

我的主張叫做歷史哲學，是在以前哲學中沒有提到過的。

歷史哲學

這種辯證法過程經歷複雜的階段，朝向絕對精神邁進。而這個過程就是歷史。

開始

絕對精神

所謂絕對精神是指永遠不變的真理。

黑格爾把當時所有的學問集為一體，成為龐大的哲學體系。

在他哲學中的各種主題和辯證法產生了很多解釋，對現實政治帶來了強大的影響力。

黑格爾老師是民族主義。

不，是共產主義啦！

黑格爾右派　　黑格爾左派

而且，在後世的所有哲學中，黑格爾的哲學都被視為靈感的源泉或需要翻越的山，持續發揮影響力。

黑格爾山

啊，得翻過那座山才行……。

36 講述生活的痛苦

藝術家們喜愛的哲學家

叔本華 （1788～1860）

叔本華出生於德國但澤（今波蘭的格但斯克）。

父親從事國際貿易成功，他遵照父親所願學習經商，但他並不想成為商人。

爸爸，
我不想成為
商人。

為什麼？
兒子啊，做生意才能
過好生活啊。

17歲失去父親後，他繼承家業經營了一段時間，在21歲時考入哥廷根大學。

爸爸，
今後我要走
自己的路了。

他剛開始學習醫學，不久後便改學哲學，在耶拿大學獲得了博士學位。

哲學博士
叔本華

32歲開始在柏林大學講課的他，刻意按照黑格爾的講課時間開設了自己的課。

正面對決吧。哈哈哈！

你是誰？

因為他平時就批評黑格爾的哲學，所以早想與當時有名的黑格爾一決高下。

黑格爾哲學

精神病者的嘮叨

冒牌哲學

吹牛皮說大話

from叔本華

但結果還是失敗了。沒有人願意來上他的課，叔本華受到很大的打擊。

唉，完了。

※喧嘩

※冷清

叔本華的教室

黑格爾的教室

而且原本以為會給學界帶來巨大衝擊的書也幾乎賣不出去，從此叔本華再也沒有出現在大學講壇上了。

都不知道我的嘔心瀝血之作⋯。

作為意志和表象的世界

叔本華 著

我不會向學者們低頭的。大學再會了。

叔本華受康德和柏拉圖哲學影響，以康德哲學為出發點。

指引我的星星們。

同時他對古印度哲學和佛教思想也很感興趣。

喔！對我們印度哲學有興趣嗎？

叔本華主張人並非透過理性，而是透過「意志」認識世界的本質。

世界的本質是無法認識的。

康德

不是的，通過意志就可以。

叔本華

同時他認為支配世界和人類的不是理性而是意志。

所以我討厭用理性解釋世界和人類的黑格爾哲學。

他所謂的意志是指慾望、執著、衝動、期待等在不知不覺間噴發的慾念。

※轟轟

意志
→無意識、盲目的慾望和執著

叔本華曾說「人類是不斷滿足自己的慾念（意志）的存在。」

想吃好吃的東西。

哇～我也想買電動玩具。

如果我歌唱得好的話……。

因為慾望是無止境的，所以絕對無法滿足，就是這樣人才會陷入痛苦。

嗚嗚

怎麼裝都裝不滿。

所以，叔本華認為人生本就是一種痛苦。

嘩啦啦

人生就是不幸、悲慘、痛苦。

他強調若要減輕痛苦，就必須拋開意志（慾求），應該要過禁慾的生活。

人生就是痛苦，痛苦就是執著，只有擺脫執著才能解脫。

打碎菩薩

咯咯

我的主張和佛教思想很相似。

不過他也說藝術是可以讓人短暫擺脫意志的束縛，得到慰藉和休息的避難所。

叔本華可以說是二十世紀哲學家中對藝術和心理學影響最大的人。

我為後世的音樂家和小說家帶來了很大的影響。哈哈！

哇！是叔本華！

啪啪啪

哇哇

叔本華好棒！

鼓掌

莫泊桑

華格納

馬勒

屠格涅夫

佛洛斯特

里爾克

埃米爾·左拉

他生前長期未受到關注，一直到晚年才以非哲學著作的隨筆集而聞名。

他選擇將痛苦作為哲學主題的勇氣，得到了後代人們的高度評價。

最後我再說一句，不要被盲目的意志所動搖！

叔本華於72歲時離開人世

37 哲學必須兼具科學性

以對科學的信賴為基礎的哲學

孔德 （1798～1857）

孔德出生於法國蒙彼利埃，是稅務公務員的兒子。

學生時期，他雖然是聰明的優等生，但非常固執，而且叛逆心很強，還曾被學校開除。

人氣投票第一名是孔德！

孔德成績好，叛逆又帥氣。

投票箱

青年孔德在巴黎當講師、寫文章，過著貧窮的日子，但他並沒有怠慢學問。

化學

他從28歲給知識分子講課開始，逐漸建立了實證主義哲學的體系。

聽說有個叫孔德的年輕人，他的課值得聽？

嗯，他在我們巴黎知識分子之間很有名。

實證主義是一種哲學的方法論，是指只承認可以透過觀察或實驗證明的知識。

孔德把人類的知識發展分為三個階段，即神學階段、形上學階段和實證階段。

神啊！

想像的力量很大。

神學階段：依靠神或超自然的力量

形上學階段：依靠抽象的邏輯

必須證明。

實證階段：透過觀察和實驗證明

他認為自然科學的實證性研究法可以用於探索人類和社會現象，也相信應該如此。

我的哲學最大的特點就是對科學的信賴！

他認為世上的一切只有到了實證階段才能正確說明。

另外，學問支撐另一個學問的順序是數學→天文學→物理學→化學→生物學→社會學。

有數學才有天文學

有天文學才有物理學

有生物學才有社會學

但是，身為強調科學探索的哲學家和社會學家，令人意外地創立了「人道教」。

讓我們崇拜道德、愛情、人性吧！

他在失去了重要的人，受到孤獨和精神不安的折磨下才改變的。

身體力行，實踐的哲學家
邊沁 （1748～1832）

經歷資產階級革命和產業革命的十八～十九世紀，英國出現了功利主義哲學。

功利主義？

簡單地說，就是重視人的利益和幸福的思想。

其代表性的哲學家是邊沁和彌爾。那麼就先了解一下邊沁吧！

您先請。

不，你先吧。

彌爾

邊沁

邊沁出生於英國倫敦一個富有的律師家庭。

聰敏的他從小就接受良好的教育，在牛津大學學習法律。

| 4歲開始
學習希臘文、拉丁文 | 12歲
進入牛津大學 | 15歲 → 牛津大學
畢業，進入法學院 | 19歲
取得律師執照 |

他一生都是實踐政治、社會、法律、道德改革的運動家，努力實踐自己的思想。

我想要正義的社會。

正義女神
朱斯提提亞

他領導哲學激進派，試圖改善監獄、審查、教育、社會腐敗等問題。

錯誤的事就要糾正！

他不只是偉大的哲學家，更是偉大的改革家。

彌爾

他主張人類行為的目的在增進快樂、減少痛苦。

他認為道德行為是盡可能讓多數人感受到最大的幸福（快樂）。

幸福越多就會越有道德。

邊沁的名言，「最大多數人的最大幸福」，可以說就是功利主義的核心思想。

最大多數人的最大幸福

邊沁是自由主義改革的先驅，他的功利主義哲學對英國社會制度產生了強烈的影響。

我要將我的遺體捐出幫助醫學發展。

果然是你會做的事啊！

邊沁於84歲去世

高呼幸福品質的哲學家

彌爾（1806～1873）

幸福

自由

繼承邊沁的思想和改革精神，完成功利主義哲學的人就是彌爾。

哇，花盛開了。

功 利 主 義

他出生於英國倫敦，為家中的長子。

他的父親詹姆斯・彌爾是歷史學家和經濟學家，全力擁護邊沁的功利主義。

我打頭陣，大家齊心協力，改變社會吧！

哲學激進派

詹姆斯・彌爾

多虧了父親，彌爾才能成長為優秀的哲學家和經濟學家。

父親的名字叫詹姆斯・彌爾，我是約翰・史都華・彌爾。

兩位好。

詹姆斯・彌爾沒有送兒子去上學，而是由他親自指導。

兒子啊，
來上課吧。

好的，爸爸
……不，老師。

在他嚴格的教育下，彌爾8歲就能看得懂希臘文和拉丁文的書。

老公，
兒子才3歲就要他
學會不會太早啊？

說什麼呢！
就是要從現在
開始啊。

希臘文

拉丁文

12歲開始學習數學，13歲學習經濟學。以現今來說，相當於接受了早期菁英教育。

大叔，您對
柏拉圖的哲學
有什麼看法？

呃？
你說什麼？

7歲的彌爾

他不僅受到了父親的影響，還受到了父親的朋友影響，其中一人就是邊沁。

我是帶給
彌爾影響的人！

他經常跟隨父親與邊沁見面，在16歲時還幫忙邊沁修改文稿。

嗯，
挺有天分的。

唉呀，這種程度
不算什麼。

邊沁

從17歲開始到52歲，他在＊東印度公司工作，同時從事撰述和改革運動。

東印度公司：東印度公司是指英國、荷蘭、法國等在東印度設立的貿易公司。

彌爾的主張如同邊沁，認為人類最希望得到快樂（幸福），因此能增進快樂的行為是正確的。

減少痛苦、促進幸福的行動是正確的。

但彌爾與邊沁不同的是，比起幸福的量，他更強調幸福的質。

所以我的功利主義稱為質的功利主義*。

＊譯註：Qualitative Utilitarianism

很久以前，快樂主義就受到批評，認為是把人類變成像豬一樣，只追求肉體的歡愉。

這樣跟豬有什麼不一樣呢……。

但彌爾強調，還是有能夠守護人類高貴與品格的快樂。

當然和牠完全不同啊。

為什麼沒事把我們扯進去啊？

他所指的「高品質的快樂」並不是指個人的滿足，而是追求他人和社會的幸福。

謝謝你啊。

所以彌爾說過，與其做個滿足的豬，還不如做不滿的人。

豬　人

還有一句名言是「比起滿足的蠢人，寧做不滿的蘇格拉底」。

嘿嘿。

傻瓜　蘇格拉底

他還主張只要不損害他人和社會，就應該無條件允許個人自由。

人類最基本的自由是什麼?!

1. 可以任意思考及表達自己意識的自由

2. 可以追求想要的東西以及興趣的自由

3. 以特定目的聚集人群的集會自由

他還提出了男女應該完全平等，在當時是相當破格的主張。

男女有差別是不恰當的！

彌爾編的這本書就像婦女解放運動的聖經一樣。

婦女的屈從地位

WOMEN

他60歲當上議會議員，認定女性有參政權，也提交了法案。所謂參政權，是指可以投票，也可以參加選舉的權利。

VOTES FOR WOMEN

她們是開展女性參政權運動的女性運動家（1908年）。英國於1918年承認30歲以上女性擁有參政權。

哲學家彌爾具有冷靜的理性和溫暖的心，他臨終時留下遺言：『我的事情都結束了』，然後離開了人世。

雖然很辛苦，但此生很有意義。

他常說妻子哈莉耶特是「我生命的榮耀和祝福」、是「比我優秀的思想家」。哈莉耶特死後也葬在彌爾墓旁。

40 獨自站在神的面前

齊克果（1813～1855）

齊克果出生於丹麥哥本哈根一個富商之家，是七個孩子中的老么。

他的父親雖然是貧窮農夫出身，但是後來做生意成功致富，在嚴格的基督教氛圍中將齊克果撫養長大。

來，洗清罪孽悔改吧！

但他的父親卻因對神的負罪感而終生痛苦地生活著。

啊！我犯了無法洗刷的罪。

他因為違背了教會法與女傭再婚而感到罪惡。

齊克果

神不會饒恕我的罪。

尤其，齊克果的父親無法忘記自己年少時當過牧羊人，因為飽受寒冷和飢餓所苦，所以常詛咒上帝。

神啊！
我憎恨你。

齊克果學習哲學和神學，因為從父親那裡繼承的遺產而生活無虞，得以專心研究哲學。

柏拉圖如此如此，
亞里斯多德
這般這般…。

但不幸的是，他同時從父親那裡繼承了根深蒂固的罪責意識和憂鬱。

除了我，哥哥姊姊們
相繼過世，這是神的詛咒，
我也要為父親的罪行
付出代價。

他年輕時陷入了彷徨和挫折之中，一生都在無盡的煩惱和自我反省中生活。

齊克果是強調個人主體存在性的存在主義哲學創始人。

存在主義
是什麼？

是強調
個人生活和經驗、
自由的哲學。

他提出最重要的是個人的意志、選擇和決斷。

即使是客觀的、
普遍的真理，
如果不接受也是
毫無用處的。

嚐嚐看，
朋友們都說
好吃。

我不想吃。

徹底想在「我的存在」中掌握真理。

必須找出對我來說可以成為真理的真理。

他提出了人類存在的三個階段，每個人要自己選擇過哪一種人生。

你來選！

嗯……選哪個好呢？

審美階段　　倫理階段　　宗教階段

在審美階段的人追求感官上的快樂，但這種幸福不會持續太久。

真的好有趣！

膩了。

哈哈哈哈

倫理階段的人遵守道德和價值，過著正直的生活，但是無法克服不安和絕望。

您忘了這個吧？

哎喲，謝謝您。

但怎麼感覺好空虛和不安

他主張只有到了信奉神的宗教階段，才能過完整而真實的生活。

這就是我在尋找的真實生活。

他總是問：「身為實際存在的主體，我應該和神建立什麼樣的關係？」

個人的靈魂與神的關係？

不是倫理這個普遍的價值或觀念，而是只有自己獨自站在神面前的時候，

別忘了你總是和我一對一地對話！

神

才能發現自己真正的面貌，才能成為完整的自我。

不要躲在別人身後～
不要拿別人當藉口～
獨自站在神的面前才能發現自我～

他雖然是虔誠的基督教徒，但也尖銳地批判了腐敗的聖職者和教會。

齊克果與教會展開激烈爭論，
在42歲時因勞累過度而去世

齊克果即使在不安和絕望中，直到死也沒有停止探索關於自己存在的一切。

跑啊！
快跑啊！

他以對自己存在的真摯觀察和經驗以及反省為基礎，留下很多如文學作品般細膩的哲學書籍。

非此則彼

致死的疾病

恐懼與戰慄

基督教的訓練

生命的階段

這些哲學類的書籍可以說是自我表白的書。

從齊克果開始的存在主義哲學，在第二次世界大戰後成為歐洲最流行的哲學。

戰爭結束後，在大學、咖啡廳、電影、雜誌、文學作品中都流行存在主義。

WORK·WORK
LINE

3. 現代的哲學

各種主題的哲學百花齊放

從十九世紀後半期開始，現代哲學開啓了新的篇章。

這個時代的哲學比其他任何時期都豐富、多樣、又複雜。現代哲學在繼承近代哲學形成的巨大思想遺產的同時，也試圖擺脫過往進行探索。從古代到近代，哲學被理解為追求傳統上永不改變的真理的學問，認為真理應該是普遍適用且被很多人認可的。但是現代哲學擺脫了那樣的枷鎖，真理不只一個，也並非永遠不變，或許也不是必須得到大家認同的東西。現代哲學就像現代人一樣，各自展露不同的面貌。

馬克斯

尼采

胡塞爾

語言!!

維根斯坦

海德格

波普爾

沙特

席捲二十世紀的馬克思主義

41 重要的是世界的變革

馬克斯 (1818～1883)

十九世紀在歐洲出現了大規模的工廠,迅速進行工業化。

晨鐘敲響了,新的早晨亮了。你我都甦醒了……

工廠和富有的資本家剝削工人,獲取更多財富。

喔耶!全都是我的,哈哈哈!

工人們即使每天辛苦工作12個小時以上,也擺脫不了飢餓的悲慘生活。

快工作!不准休息繼續做!

在這樣的時代背景下,出現了夢想著現實變革的哲學家,他就是馬克思。

窮人更窮,富人更富,這種現實是不合理的。

馬克思出生於德國（當時是普魯士）萊茵省特里爾的猶太人家庭，是律師的兒子。

他在自由、有教養的家庭氛圍中成長，平淡地上了高中。

雖然遵從父親的意願，在波昂大學和柏林洪堡大學研讀法學，但他逐漸將興趣轉移到哲學和史學上。

哇，哲學真有意思，今天也通宵討論吧。

馬克斯真是的，誰都擋不住你。

大學時期的馬克思不僅擁有淵博的知識和犀利的理論，而且充滿熱情和感性。

在我心底深處，你的靈魂之眼越來越明亮！

哇！馬克斯還會做詩啊。

聽說他夢想成為現代詩人。

點燃熱血青年馬克思心中的夢想就是改變世界的不平等。

哇，好燙！

當時有這種想法的知識分子無法成為教授，所以他放棄了教授的夢想，成為報紙的主編。

萊茵報社

24歲的馬克斯

※ 轟轟轟

但是，他出版的報紙以「傳播偏激主張」為由，僅一年就被國王勒令停刊了。

批評政府的
可惡萊茵報停刊！

他決心成為政治鬥士、革命知識分子，於是去了巴黎，見到幾個革命家和社會運動家。

Bonjour！

25歲的馬克斯
與妻子燕妮

他遇見了一生的朋友、建言者、理念上的同志、支持者——恩格斯。

馬克思是個天才，真是太令人驚訝了。

恩格斯出生於英國，是經營紡織工廠的富有廠主的兒子，但比起事業，他更關心資本主義研究。

馬克思一生在貧窮中掙扎，卻能堅持研究，這要多虧恩格斯的無私幫助。

朋友，這給你貼補家用。

懷著革命的夢想，馬克思積極開展撰述工作，參加共產主義同盟，結果被認為是危險人物。

保障生計！

馬克思總是煽動工人，真是讓人頭疼。

當時，包括巴黎在內的歐洲各地，勞動者再也無法忍受悲慘生活，到處充滿了革命的氣息。

馬克思最後被驅逐出巴黎和布魯塞爾，從31歲開始在倫敦生活，餘生都在那裡度過。

爸爸，這次又要去哪？

去英國。

馬克思宣稱哲學家們至今只是對世界進行了解，但最重要的是要改變世界。

改變世界吧！

接著根據宣言，透過自己的理論和實踐活動，努力去改變社會。

資本論

德意志意識型態

哲學的貧乏

黑格爾法哲學批判

共產黨宣言

哲學和經濟學手稿

馬克斯的著作

他受黑格爾的影響很深，同意黑格爾主張的歷史發展辯證法。

歷史都是持續發展的。

但與黑格爾不同的是，馬克思認為構成世界的本質不是精神，而是物質。

歷史的辯證過程不是靠精神力量而是靠物質進行

我這種主張叫做歷史辯證法或是辯證唯物論。

他主張使歷史發生變化的不是人的意識，而是圍繞物質的階級之間的對立和鬥爭。

勞動階級

資本階級

他所著的《共產黨宣言》，開頭便寫著「迄今所有歷史都是階級鬥爭的歷史」。

你是壓迫者，我是受壓迫的人。透過我們的鬥爭，社會將開始變革。

哼，話那麼多幹嘛。

那麼他認為歷史發展的終點站是哪裡呢？他預測是共產主義社會。

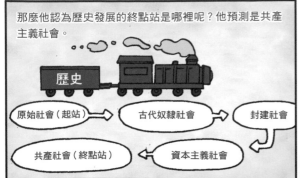

歷史

原始社會（起站）→ 古代奴隸社會 → 封建社會

共產社會（終點站）← 資本主義社會

共產主義社會是指所有人一起工作，不分彼此，共享財產的社會。

大家一起工作、過得一樣好。

他以「做能力所及之事，做需要的消費」來表現這樣的社會。

我要做自己想做的事情。

當然好啊。早上釣魚、中午養牛、晚上寫作的生活。

他主張在共產主義社會，人與自然、人與人之間的矛盾才會消失。

因為階級消失，就沒有衝突的理由了。

當時很多人像做夢一樣憧憬共產主義社會。

烏托邦、理想、夢想！

馬克思透過《資本論》冷靜地分析資本主義社會，證明共產主義社會得以實現。

這是世界歷史上最具影響力的書之一。

被稱為工人階級的聖書。

1867年在柏林出版第一冊，馬克思逝世後，出版第二和第三冊

※勞動

如果資本家和勞動者的矛盾加深，就會發生勞動者革命，共產主義社會也會隨之而來。

共產黨宣言是什麼？

他透過《共產黨宣言》呼籲「全世界無產者，聯合起來！」

這是國際勞工組織共產主義者同盟的實踐綱領。

作為天才的思想家和實踐活動家，馬克思65歲時在朋友恩格斯的見證下結束了自己的生命。

WORWEDS OF OU UNITE

馬克斯的墓位於倫敦海格特公墓。墓碑上寫著「全世界無產者，聯合起來！」

他的思想被稱為「馬克思主義」，在二十世紀社會產生了暴風般的影響力。

馬克思主義正在席捲全世界。

馬克思主義一度成為俄羅斯、中國、東歐、古巴等占人類總數三分之一的共產主義國家的基礎。

曾經提倡共產主義的國家

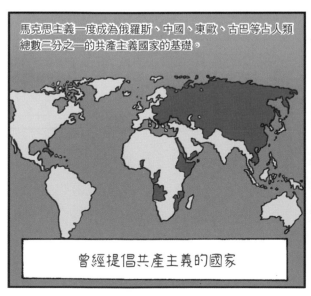

但是在現實生活中，共產國家卻出乎馬克思的預料，陷入了貧窮和獨裁，成為失敗的歷史。

唉，我夢想中真正的共產主義社會終究沒有實現。

打破傳統道德和價值的哲學家

尼采（1844～1900）

42 超人誕生的夢想

哲學家尼采出生在普魯士（德國）薩克森州洛肯，是牧師的兒子。

他小時候失去了父親和弟弟，和母親、姊妹一起在奶奶家長大。

> 我們家是女人的天下。

青少年時期接受過嚴格的古典教育，20歲進入波昂大學學習古典語文學。

> 今天也向著古希臘GoGo！

在希臘古典語文研究的傑出成果讓20多歲的尼采成為教授，但他逐漸受到哲學的吸引。

> 尼采也走上了我們的路呀！

> 嘟嘟囔囔

> ⋯

> 非常歡迎，哈哈哈！

哲學家之路　　詩人之路　　文學家之路

他在青年時期參加戰爭，健康受損後，各種病症纏身，到了晚年還得了精神病。

我尼采為什麼這麼聰明？

跟瘋子沒兩樣。

※哈哈哈

他35歲辭去教授職務後，一直靠寫書維生，46歲在精神錯亂狀態下離開人世。

孤獨、寂寞。

尼采長期在義大利北部和法國南部療養

尼采年輕時透過叔本華的書開始接觸哲學。

他和音樂家華格納建立深厚的友情，就是因為他們兩人都熱中於叔本華的思想。

為喜歡叔本華的人準備的庭園派對！！

呀！我是狂熱的粉絲。沉醉在你的音樂裡。

你好～

華格納

你是我的朋友，歡迎常常到我家來玩。

welcome Home

相差25歲的華格納與尼采

他同意叔本華關於人生苦短無意義，人們被不合理的力量驅使的主張。

啊啊啊啊

但他與迴避世界的叔本華不同，尼采反而主張要過充實的生活。

再見，我走了。

你要去哪裡？不要逃，要努力生活、面對挑戰！

尼采的哲學可說是探討「在沒有神、沒有意義的世界裡，該如何才能好好生活？」

這都是為了好好生活而做的事。

人類相信自古就能掌握絕對性的真理，並且有普遍適用的道德原理。

好，現在開始猛攻。第一個目標是那些捍衛自古至今的道德和價值的人們。

尼采主張關於絕對真理的信任是謊言，道德其實是為了束縛自己而製造出來的。

絕對的信任？道德原理？可以確定真有那種東西存在的人就站出來！沒有吧？應該沒有吧？

他認為基督教也是人類的作品，服從神就是否定自己的生活，疏遠自己。

把希望寄託在那個世界？真是愚蠢。那個世界根本不存在！

最後他大膽地宣稱「神已經死了」。

※神已經死了！

因此尼采稱自己為「拿著錘子的哲學家」。

我是拿著錘子的哲學家。我打破很多人習慣遵從的道德和價值、宗教。

敲 捶

尼采想要在失去所有信任，只剩下空虛的地方填入新的創造價值和理想。

尼采

他說，生活本身就有意義，所以應該肯定生活，實現自己的可能性。

活著本身就是有價值的，對生活持肯定態度！！

在他的傑作《查拉圖斯特拉如是說》中，他把透過勇氣和力量享受完全自由的理想人類稱為超人。

超越人類的超人出現了。他具有想像力、生命力、膽識、勇氣、力量的意志。

哇～是超人！

另外，因為納粹喜歡使用「超人」、「力量的意志」等表達方式，他還曾被誤以為是納粹主義者。

真冤枉。
我鄙視與猶太人對立的人！

他為很多藝術家帶來了巨大的影響。

哈哈！

或許是因為尼采自己也曾是藝術家吧。

小說家
赫曼・赫賽

詩人 葉慈

詩人 里爾克

音樂家
史特勞斯

音樂家
馬勒

小說家
阿爾貝・卡謬

尼采寫詩作曲，最讓人著迷的是他精闢的文筆。

尼采的文字像謎語，處處隱藏著各種暗示和隱喻。

像閃電的閃光一樣，強烈刺激。

感覺到宇宙的深邃。

43 實事求是

催生現象學的

胡塞爾 （1859～1938）

※看事物的原貌！

胡塞爾創造引領二十世紀哲學之一的現象學。

我創造了你！

現象學

嗶嗶嗶嗶

他出生於捷克的一個猶太人家庭，在大學主修數學、物理、哲學，走了一輩子的學者路。

他原本是數學家，但被退休的老教授布倫塔諾的哲學課所感動，後來成為哲學家。

我們分手吧！

怎麼啦，我讓你難受了？

胡塞爾

現象學是經由意識所體驗到現象，「照原本呈現的樣子」來看的話，就可以知道本質的學問。

胡塞爾強調要消除偏見、先入為主和信任，不要做任何假設，要「照原本呈現的樣子」來看世界。

這是媽媽。

哎呀，我有這麼漂亮嗎？

我照著媽媽的樣子畫了。

呃……。

他主張透過白紙一樣純粹意識的直觀，作為觀察世界的方法，提出了「中止判斷」的概念。

我每次考試的時候都處於中止判斷的狀態！

這才是真正的中止判斷吧?!

透過這種方式，可以從表面上顯現的現象，掌握內部的本質結構和關係。

你到底是什麼？

如果你確實觀察我所展現出來的樣子，就會知道了……。

在胡塞爾的那個時代，主張只有科學能證明的才是真正知識的實證主義哲學是主流。

我就是主流！

能夠證明的就是真哲學
無法證明就是假哲學
我是實證主義者
put your
hands up～yo!!

停！不是這個！

他主張，如果只執著於可以證明的事實，就會失去「價值」和「意義」這類更重要東西。

科學把哲學推開了。實證主義最終會砍掉哲學的脖子。

胡塞爾的哲學不僅影響了他的弟子海德格，而且對沙特等存在主義哲學家也產生了很大的影響。

上車！

啊！謝謝、謝謝！

我也要坐。

胡塞爾

海德格

沙特

44 答案就在語言裡

熱愛和平並實際行動的哲學家、數學家
羅素 （1872～1970）

羅素出生於英國的貴族家庭，他爺爺是兩次連任首相的重要政治家。

2歲失去父母，由奶奶扶養長大的他，跟當時貴族家庭子弟一樣，接受了家庭教師的教育。

羅素，你在哪？
現在是上課
時間啦。

對戰爭說NO！
維護世界和平！

對知識好奇心旺盛的少年羅素尤其喜歡數學，長大後在名校劍橋大學學習。

他曾經是反戰及反核運動的和平主義者、女性參政權擁護者，曾獲得諾貝爾文學獎。

反對越戰！

哲學家兼數學家的羅素，將數學方法引入邏輯學中，在邏輯符號領域立下了汗馬功勞。

數學 邏輯學 結合！

數學

邏輯學

羅素想透過語言分析探究世界，他的哲學理論被稱為「邏輯原子論」。

您好。

他好像沒聽到。

哲學應該用
邏輯性語言（符號）
準確說明……。

羅素在他的理論中引入了最小的單位，也就是原子的概念。

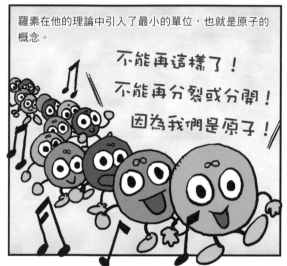

不能再這樣了！
不能再分裂或分開！
因為我們是原子！

首先透過三種概念（原子事實、原子命題、分子命題）來展開理論。

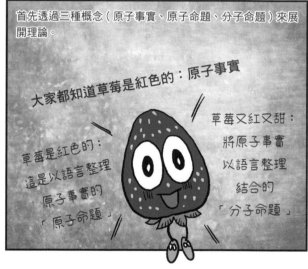

大家都知道草莓是紅色的：原子事實

草莓是紅色的：
這是以語言整理
原子事實的
「原子命題」

草莓又紅又甜：
將原子事實
以語言整理
結合的
「分子命題」

結論是只要分析語言（原子命題），就可以得知世界的根本。

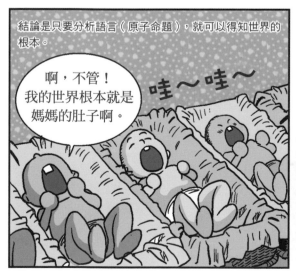

啊，不管！
我的世界根本就是
媽媽的肚子啊。

哇～哇～

羅素的主張成為分析哲學誕生的基礎。關於分析哲學，將在下一章說明。

我做了個分析哲學的畫紙，
你盡情地畫吧。

啊，
好！

維根斯坦

以語言為中心的分析哲學創始人

維根斯坦 （1889～1951）

對無法說出口的事 就沉默吧

維根斯坦出生於奧地利維也納，是鋼鐵工業財閥家庭八兄妹中的老么，後來歸化英國國籍。

他的哥哥保羅在第一次世界大戰中失去右臂，只用左臂彈琴成為著名的鋼琴家。

我還有另一隻手臂啊。

保羅‧維根斯坦

手藝好，愛好技術的維根斯坦，經由技術中學進入了柏林工業大學就讀。

維根斯坦是口吃～！

不、不要鬧我。

中學時期的維根斯坦

後來在曼徹斯特維多利亞大學學習航空技術，成為航空工程師，他對數學也表現出極大的興趣。

不過最終還是受哲學吸引，他前往劍橋大學，成為羅素的弟子。

他窩在挪威某鄉間小屋專心研究哲學，第一次世界大戰爆發後自願入伍。

※砰　　※砰

他生前唯一出版的書《邏輯哲學論》就是在他上戰場的五年間完成的。

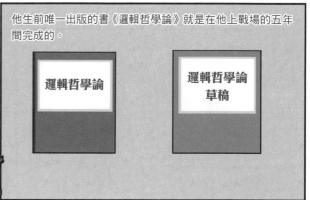

他在戰爭後，為了過簡樸的生活，把從父親那裡獲得的巨額遺產分給貧困的藝術家和姊姊們。

他後來成為奧地利某鄉下小學的教師。他寫的書出版後聲名大噪，開始在劍橋大學授課。

他的晚年像隱居者一樣生活在農村，雖然知道自己得了癌症，但始終埋首於哲學直到生命結束。

維根斯坦創立的分析哲學是探索語言和哲學關係的學問。

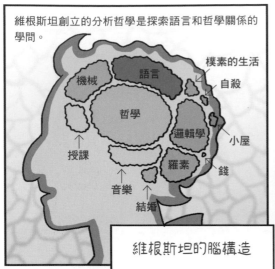

維根斯坦的腦構造

他的哲學主題大致有三種：世界、語言、以及邏輯性觀點。

語言和世界有著什麼樣的邏輯關係？

1. 語言代表世界
2. 詞語描寫世界
3. 敘述世界的關係

語言之所以具有意義，是因為所使用的各種語言（話語）各自都能指出事實。

找找電腦！

找到了，是這個嗎？

例如用模型車和人偶來對應實際的車和人，說明交通事故情況。

所以我正想確認綠燈，卻突然間發現那輛車……。

每種語言也是一對一來對應各自的實際情況。語言就像是仿照世界畫的畫。

他認為說明世界的哲學需要「邏輯」，而這個邏輯是透過「語言」形成的。

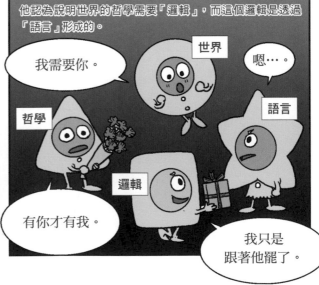

我需要你。

有你才有我。

世界

嗯……。

語言

我只是跟著他罷了。

哲學必須要能用語言準確地說明，如果不能的話，那就不是哲學的領域。

那個不是哲學可以接觸到的地方啊。

天堂和地獄是怎麼形成的？

不知道，我也沒看過。

就是啊。

如果語言所指的對象不存在這世上的話，那麼與此相關的問題就不能用哲學來看待。

我在找人。名字是道德、幸福、神、自我、其他等。

我們家沒有這些人。去別家看看吧。

※哲學之家

所以，他曾經說過一句名言，「對於不可說的事物，我們必須保持沉默」。

愛情啊……實在是無法用言語解釋啊。

那就保持沉默吧！

維根斯坦

但到了後期，維根斯坦又提出了與初期不同的主張。

怎麼看都有問題，要仔細再想想才行。

維根斯坦後期思想的中心是「語言遊戲」。

語言遊戲？借我吧。有什麼特殊道具嗎？

邏輯哲學論

維根斯坦 著

將來志願：哲學家　　　將來：程式設計師

他認為透過「語言遊戲」的概念，即使是同樣的語言，根據情況的不同使用方法也不同，當然也具有完全不同的含義。

真是太～好了！

真是太～好了！

在維特根斯坦的引領下，二十世紀哲學的中心就是語言。

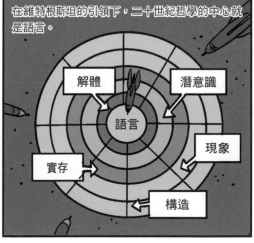

解體

潛意識

語言

現象

實存

構造

強調人類存在自由的存在主義者

雅斯佩斯 （1883～1969）

46 領受前往超越界的密碼

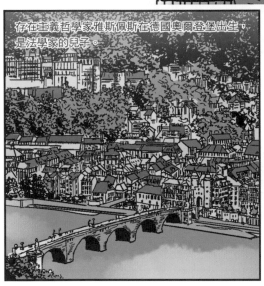

存在主義哲學家雅斯佩斯在德國奧爾登堡出生，是法學家的兒子。

他想研究人類，所以學了醫學和心理學，獲得了精神醫學家的名聲，之後開始沉迷於哲學。

受父親影響所以學了法律。

哇，還是哲學最棒啊！

但是醫學感覺很有意思。

好忙 好忙

心理學也很有趣。

在雅斯佩斯成為哲學家之前

雅斯佩斯在母校海德堡大學擔任哲學教授時，因妻子是猶太人而被納粹政府剝奪了教授職務。

看你要流亡國外，還是要離婚。

兩個選一個。

可惡！

1937年

納粹滅亡以後，他復職回到大學當教授，一輩子教學並埋首於哲學。

〈我的一天〉——徹底遵守！

我能健康活到最後一刻的祕訣就是這個。

休息　睡眠　Sleep

晚餐

下午讀書

起床

早餐

休息，但絕對不睡午覺

上午讀書

午餐

努力耕作

包括雅斯佩斯在內的二十世紀存在主義哲學家們像齊克果一樣,強調個人的獨立性。

雅斯佩斯

以後我會將您奉為兄長!

嗯?你是誰?

齊克果

對他來說,人類存在在意義不單純只是「存在於世界中的東西」,而是「人類存在的自由」。

所以,我就是以此為基礎思考和行動的!

※快問快答

他說,當人類遇到極限狀況而受挫時,會確切體悟到自身的實際存在。

啪嗒

啪嗒

過了500年都沒死,再也不勉強了!

所謂極限狀況,是指無論使用什麼方法都無法擺脫的狀況,也就是像死亡、疾病、孤獨、罪惡感等狀態。

吼～!

啊呀呀!這下該怎麼辦啊?

這時,人類會自覺認識自己的局限,他主張可以解讀為邁向超越界的密碼。

可以告訴我暗號嗎?

不行!你自己找。也許會受點苦。再見!

同時要觸及到超越界,才能確認神的存在。

我是有神論的存在主義者!

我是無神論的存在主義者!

雅斯佩斯

沙特

海德格對「存在」進行了深入的探索。

我為什麼
存在？

噴噴，
那些人類啊！

他在說
什麼啊？

他認為，人類是唯一會質疑自身存在問題的生物，因此若要弄清楚存在的話，就必須探索知道自己存在的存在（現存者），也就是人類。

現存者是
什麼？

是我創造的用語，
是對自己的存在
抱持懷疑的人。

人類雖然試圖實現自己的存在，但是也會毫無任何想法，跟隨某些人以同樣的的方式生活。

你為什麼要
唸書？

因為大家
都唸書啊。

海德格認為，被他人意識包圍而活的人類，唯有在意識到死亡時才能擺脫那種狀態。

死亡是誰也
代替不了的。

在死亡面前，
人完全是孤獨的
個體。

當領悟自己總有一天會死亡，才會和真正的自己相遇。

道士，我不
認識自己，為什麼
我會活著…。

你知道自己
總有一天
會死嗎？

為何苦惱而來？

《存在與時間》這本著作，講述了對自我實現的追求，使海德格一夕之間變成了名人。

這本書還沒完成，
存在的意義竟也如此
鮮明……。

啊，不過應該
寫簡單一點，
這實在太難了。

支持反證與批判的科學哲學家

波普爾 （1902～1994）

48 走向開放社會

科學哲學家波普爾出生於奧地利維也納，是位富有律師的兒子。

他從小便在父親藏書豐富的書房裡閱讀柏拉圖、培根、笛卡爾的著作。

兒子啊，爸爸的藏書有超過一萬本。

哇！這麼多書您都看完了嗎？真是太厲害了。

在維也納大學獲得哲學博士學位後，到紐西蘭坎特伯雷大學、英國倫敦政治經濟學校等擔任教授。

維也納大學，1928年取得哲學博士學位

坎特伯雷大學，1937年擔任哲學教授

倫敦政治經濟學校，1945年擔任邏輯學和科學方法論教授

好忙啊！好忙！

身為猶太人的他經歷過殘酷的考驗和極度貧困，後來得到英國女王授予騎士爵位的光榮。

他認為「科學法則並非不變的，也有可能是錯的」，以這種想法發展成知識理論。

愛因斯坦真帥氣啊。

我主張的假設可能有錯誤。

理論是否具科學性，取決於能否進行*反證，也就是能否被反駁。

迷信和靈魂不科學，因為沒有可以反證的根據。

哐嘟　　哐

反證：舉出相反的根據，證明某些主張是不對的。

結論是批判可以讓我們更堅強。波普將這種科學探究邏輯也應用在政治社會理論上。

出動！

不光是科學，政治、社會領域也都並非絕對，不能只提出一種見解。

不是，他為什麼突然對社會和政治感興趣？

哎喲，納粹獨裁主義不是正盛行嗎？

他把允許有不同見解、批評和討論的社會稱為「開放的社會」，反之則是「封閉的社會」。

這個不行、那個不行、那個也不行。

妳為什麼限制得那麼嚴格？難怪我們家沒有進步。

強調在開放的社會裡，要實現發展必須更快、更努力。

好，大家進來吧！

夢想完全自由的存在主義哲學家

沙特 （1905～1980）

49 為自由而生存

存在主義哲學家、世界著名的小說家、戲劇作家沙特出生於法國巴黎。

他2歲時失去了當海軍軍官的父親，在外祖父家長大。

據說史懷哲博士是我爺爺的侄子。

非洲聖者 史懷哲

身材矮小，還有斜視的沙特，比起和朋友一起玩，他更喜歡在爺爺的書房裡看書。

那小子又在看書，應該出去跟朋友們玩啊！

沙特因母親再婚而度過憂鬱的青少年時期，在只有英才聚集的巴黎高等師範學校研讀哲學。

真是了不起的學校！

法國會唸書的孩子們都在那裡。

到40歲宣布成為專職作家為止，他一直都擔任哲學教師，發表許多哲學論文和文學作品。

哲學家沙特是存在主義哲學的代表人物，受到胡塞爾、海德格、馬克思影響；文學家沙特則寫了許多哲學反思的小說和戲劇，令很多人為之瘋狂。

沙特！　　沙特！

沙特既是思考個人生命的存在主義哲學家，也是否定神存在的無神論者。

尼采 ➡

神已死！

沒錯！

沙特 ➡

他強調在沒有神的世界，要創造人類固有的價值。

…

木匠為椅子定下的本質是「讓人坐的用途」，但對於生活在無神世界裡的人類來說，並沒有像椅子那樣被決定的本質框架。

以後人們會坐在你身上這就是你的命運。

人類是沒有任何目的和理由就來到世界的存在。

아아아아아
※啊啊啊啊

那個人突然掉下來了。

哇！
會飛！

因為一開始沒有被決定好的框架，所以人類是不受任何約束的自由存在。

你的命運是……

咦？沙特先生說過，沒有已經被決定好的命運啊。

他主張，透過賦予自己的自由做出選擇和決斷，創造自我的生活。

問題就是要撒謊還是實話實說？

但人類對自己的自由感到恐懼，因為必須對選擇和行動負責。

哪一條路好呢？

所以很多人為了躲避這種恐懼和不安，放棄自由生活。

啊，真不安。我就相信有神的存在吧。

為什麼老是跟著我。

沒什麼，只是好像不錯。

沙特將此稱作「自欺」。

哎呀…。

嘿嘿

50 $

100 $

人類出生後才會問自己存在的問題，所以他說「存在先於本質」。

想了解我的哲學就看這本吧！

存在與虛無

沙特以第二次世界大戰為契機，對抗壓制人類自由的勢力及團體。

他在二次世界大戰時成為戰俘，後來從戰俘營逃出。

萬歲，終於逃出來了。

同志，我們成功了。

為抵抗納粹而展開法國抵抗運動

他積極參與政治發表言論，成為行動派的知識份子。

戴高樂OUT

阿爾及解放

反對越戰

反對帝國主義！

No War

反對核武

War!

法國六八學運戴高樂政

在實際生活中，他也渴望完全的自由，他與一生的戀人西蒙·波娃的婚姻契約非常有名。

愛是很好，但是我不喜歡約束和壓抑。

我完全同意！

存在主義哲學家、作家 西蒙·波娃

他還以文學分級為由拒絕領取諾貝爾文學獎。

呃，沙特有來嗎？

1964 年諾貝爾文學獎頒獎典禮

一度陷入共產主義的他試圖把馬克思主義和存在主義結合起來，但最終失敗了。

那兩個人真配……不，不配！

馬克斯

沙特

1960～1970 年代曾是年輕人偶像的沙特，死後葬禮在五萬名觀眾的注視下舉行。

自由與和平的守護者，我的偶像，一路好走。

揭開知識的
奧祕

50

探求生活處處的權力結構
傅柯（1926～1984）

傅柯生在法國普瓦捷，是外科醫生的兒子，成長過程很順利。

> 我的故鄉普瓦捷是個美麗的地方。

透過菁英課程成長的他，後來在大學教授哲學和心理學，成為哲學家享有名聲。

> 妳好！女士，我曾經在波蘭和德國擔任過文化代表。

法國花園

同時他也曾為了人權和理念的自由，站在社會弱勢者陣營上街抗爭，是實踐型的知識分子。

> 啊，傅柯又來示威了。馬上逮捕他，把他關進牢房！

下台！　抗爭！　抗爭！

誓死不抗！
誓死抗！

傅柯像考古學家一樣，發掘分析大量資料，探索人類知識的形成和變化。

> 先生，這裡是圖書館喔。

> 我知道。

我們《出發吧！哲學時空旅行2》再見囉！

出發吧！哲學時空旅行 1

從泰利斯到尼采，
改變世界的思想是如何誕生的？

2020 年 11 月 15 日初版第一刷發行

作　　　者	李英逸、慶會淑
繪　　　者	安亨慕
譯　　　者	馮燕珠
編　　　輯	曾羽辰
美術編輯	黃瀞瑢
發 行 人	南部裕
發 行 所	台灣東販股份有限公司
	＜地址＞台北市南京東路 4 段 130 號 2F-1
	＜電話＞（02）2577-8878
	＜傳真＞（02）2577-8896
	＜網址＞ http://www.tohan.com.tw
郵撥帳號	1405049-4
法律顧問	蕭雄淋律師
總 經 銷	聯合發行股份有限公司
	＜電話＞（02）2917-8022

購買本書者，如遇缺頁或裝訂錯誤，
請寄回調換（海外地區除外）。
TOHAN　Printed in Taiwan

國家圖書館出版品預行編目（CIP）資料

出發吧!哲學時空旅行.1：從泰利斯到尼采,改
變世界的思想是如何誕生的？/ 李英逸,慶會
淑著; 安亨慕繪; 馮燕珠譯. -- 初版. -- 臺北
市：臺灣東販, 2020.11
200 面；18.8×25.7 公分
譯自：철학 100 장면. 1：서양 철학
ISBN 978-986-511-510-4（平裝）

1.西洋哲學史 2.通俗作品 3.漫畫

140.9　　　　　　　　　　　　109015086